U0508838

近代中外关系系列

中俄关系史话

A Brief History of
Sino-Russian Relations

薛衔天 / 著

社会科学文献出版社
SOCIAL SCIENCES ACADEMIC PRESS (CHINA)

图书在版编目（CIP）数据

中俄关系史话/薛衔天著. —北京：社会科学文献出
版社，2011.5（2012.8 重印）
（中国史话）
ISBN 978 – 7 – 5097 – 1704 – 2

Ⅰ.①中…　Ⅱ.①薛…　Ⅲ.①中俄关系 – 国际关系
史　Ⅳ.①D829.512

中国版本图书馆 CIP 数据核字（2011）第 075995 号

"十二五"国家重点出版规划项目

中国史话·近代中外关系系列

中俄关系史话

著　　者／薛衔天

出 版 人／谢寿光
出 版 者／社会科学文献出版社
地　　址／北京市西城区北三环中路甲 29 号院 3 号楼华龙大厦
邮政编码／100029

责任部门／人文科学图书事业部　（010）59367215
电子信箱／renwen@ssap.cn
责任编辑／张晓莉　李淑慧
责任校对／李向荣
责任印制／岳　阳
总 经 销／社会科学文献出版社发行部
　　　　　（010）59367081　59367089
读者服务／读者服务中心（010）59367028

印　　装／北京画中画印刷有限公司
开　　本／889mm×1194mm　1/32　印张／5.5
版　　次／2011 年 5 月第 1 版　　字数／99 千字
印　　次／2012 年 8 月第 2 次印刷
书　　号／ISBN 978 – 7 – 5097 – 1704 – 2
定　　价／15.00 元

总　序

　　中国是一个有着悠久文化历史的古老国度，从传说中的三皇五帝到中华人民共和国的建立，生活在这片土地上的人们从来都没有停止过探寻、创造的脚步。长沙马王堆出土的轻若烟雾、薄如蝉翼的素纱衣向世人昭示着古人在丝绸纺织、制作方面所达到的高度；敦煌莫高窟近五百个洞窟中的两千多尊彩塑雕像和大量的彩绘壁画又向世人显示了古人在雕塑和绘画方面所取得的成绩；还有青铜器、唐三彩、园林建筑、宫殿建筑，以及书法、诗歌、茶道、中医等物质与非物质文化遗产，它们无不向世人展示了中华五千年文化的灿烂与辉煌，展示了中国这一古老国度的魅力与绚烂。这是一份宝贵的遗产，值得我们每一位炎黄子孙珍视。

　　历史不会永远眷顾任何一个民族或一个国家，当世界进入近代之时，曾经一千多年雄踞世界发展高峰的古老中国，从巅峰跌落。1840年鸦片战争的炮声打破了清帝国"天朝上国"的迷梦，从此中国沦为被列强宰割的羔羊。一个个不平等条约的签订，不仅使中国大量的白银外流，更使中国的领土一步步被列强侵占，国库亏空，民不聊生。东方古国曾经拥有的辉煌，也随着西方列强坚船利炮的轰击而烟消云散，中国一步步堕入了半殖民地的深渊。不甘屈服的中国人民也由此开始了救国救民、富国图强的抗争之路。从洋务运动到维新变法，从太平天国到辛亥革命，从五四运动到中国共产党领导的新民主主义革命，中国人民屡败屡战，终于认识到了"只有社会主义才能救中国，只有社会主义才能发展中国"这一道理。中国共产党领导中国人民推倒三座大山，建立了新中国，从此饱受屈辱与蹂躏的中国人民站起来了。古老的中国焕发出新的生机与活力，摆脱了任人宰割与欺侮的历史，屹立于世界民族之林。每一位中华儿女应当了解中华民族数千年的文明史，也应当牢记鸦片战争以来一百多年民族屈辱的历史。

当我们步入全球化大潮的 21 世纪，信息技术革命迅猛发展，地区之间的交流壁垒被互联网之类的新兴交流工具所打破，世界的多元性展示在世人面前。世界上任何一个区域都不可避免地存在着两种以上文化的交汇与碰撞，但不可否认的是，近些年来，随着市场经济的大潮，西方文化扑面而来，有些人唯西方为时尚，把民族的传统丢在一边。大批年轻人甚至比西方人还热衷于圣诞节、情人节与洋快餐，对我国各民族的重大节日以及中国历史的基本知识却茫然无知，这是中华民族实现复兴大业中的重大忧患。

中国之所以为中国，中华民族之所以历数千年而不分离，根基就在于五千年来一脉相传的中华文明。如果丢弃了千百年来一脉相承的文化，任凭外来文化随意浸染，很难设想13亿中国人到哪里去寻找民族向心力和凝聚力。在推进社会主义现代化、实现民族复兴的伟大事业中，大力弘扬优秀的中华民族文化和民族精神，弘扬中华文化的爱国主义传统和民族自尊意识，在建设中国特色社会主义的进程中，构建具有中国特色的文化价值体系，光大中华民族的优秀传统文化是一件任重而道远的事业。

当前，我国进入了经济体制深刻变革、社会结构深刻变动、利益格局深刻调整、思想观念深刻变化的新的历史时期。面对新的历史任务和来自各方的新挑战，全党和全国人民都需要学习和把握社会主义核心价值体系，进一步形成全社会共同的理想信念和道德规范，打牢全党全国各族人民团结奋斗的思想道德基础，形成全民族奋发向上的精神力量，这是我们建设社会主义和谐社会的思想保证。中国社会科学院作为国家社会科学研究的机构，有责任为此作出贡献。我们在编写出版《中华文明史话》与《百年中国史话》的基础上，组织院内外各研究领域的专家，融合近年来的最新研究，编辑出版大型历史知识系列丛书——《中国史话》，其目的就在于为广大人民群众尤其是青少年提供一套较为完整、准确地介绍中国历史和传统文化的普及类系列丛书，从而使生活在信息时代的人们尤其是青少年能够了解自己祖先的历史，在东西南北文化的交流中由知己到知彼，善于取人之长补己之短，在中国与世界各国愈来愈深的文化交融中，保持自己的本色与特色，将中华民族自强不息、厚德载物的精神永远发扬下去。

《中国史话》系列丛书首批计 200 种，每种 10 万字左右，主要从政治、经济、文化、军事、哲学、艺术、科技、饮食、服饰、交通、建筑等各个方面介绍了从古至今数千年来中华文明发展和变迁的历史。这些历史不仅展现了中华五千年文化的辉煌，展现了先民的智慧与创造精神，而且展现了中国人民的不屈与抗争精神。我们衷心地希望这套普及历史知识的丛书对广大人民群众进一步了解中华民族的优秀文化传统，增强民族自尊心和自豪感发挥应有的作用，鼓舞广大人民群众特别是新一代的劳动者和建设者在建设中国特色社会主义的道路上不断阔步前进，为我们祖国美好的未来贡献更大的力量。

陈奎元

2011 年 4 月

⊙薛衔天

　　薛衔天，中国社会科学院近代史研究所研究员，中国中俄关系史研究会副会长，国务院特殊津贴享受者，曾任本所学术委员、中外关系史研究室主任。参与编著：四卷本《沙俄侵华史》（人民出版社，1978~1990）；多卷本《中苏国家关系史资料汇编（1917~1949）》（国家社科"七五"规划项目）；《中俄关系中文文献目录（17~20世纪）》（四川人民出版社，2002）。专著：《中东铁路护路军与东北边疆政局》（社会科学文献出版社，1993）；三卷本《民国时期中苏关系史（1917~1949）》（中共党史出版社，2009）。发表学术论文和提供内部研究报告100余篇。

目 录

一　伟大的邻邦俄罗斯

俄罗斯，即今天的俄罗斯联邦，我们习惯称它为俄国。它是我国最大的邻国，今天中俄之间有4300多公里的共同边界。从17世纪中叶算起，中俄有300余年的相互关系史。为了更好地了解中俄关系史一些重大事件，有必要对十月革命前俄国的一般情况作一简要介绍。

"俄罗斯"（Россия），是从"罗斯"（Русь）一词演化而来的。这一汉译名是通过中介语言蒙古语转译过来的，在清代文献中又曾译作"斡罗斯"、"鄂罗斯"等。

俄罗斯是以俄罗斯民族为主体民族的地域概念，同时又是在这一地域上形成的以俄罗斯人为主体民族的国家概念。俄罗斯这一名称最早出现于15世纪末。在它后来的历史发展过程中，俄罗斯在不同的历史时期有不同的含义。在15世纪初期以前，俄罗斯与罗斯、罗斯国家、莫斯科公国、俄罗斯国家同义使用；16世纪起与沙皇俄国同义；1721~1917年指俄罗斯帝国；十月革命后则为俄罗斯苏维埃联邦社会主义共和国；苏联解体后的俄罗斯，亦即俄罗斯联邦。

俄罗斯，从历史上看是个年青的国家，但其疆域却是世界上最大的。

俄罗斯的历史最早可追溯到公元 9 世纪出现在东欧平原的基辅罗斯。一部分罗斯人向东北发展，以莫斯科为中心繁衍生息。在俄罗斯古代文献中，1147 年首次出现了莫斯科的记载。1238 年拔都率领的蒙古西征军焚毁了莫斯科，当时处于封建分裂状态的罗斯诸公国被并入钦察汗国的版图。至 13 世纪末出现莫斯科公国。15 世纪末至 16 世纪初，莫斯科公国摆脱了钦察汗国的统治，形成了统一的操俄语的民族国家。如从基辅罗斯算起，俄罗斯有 1100 年的历史，如从统一的莫斯科公国算起，只有 500 多年的历史。

俄罗斯没有经历奴隶制时期。它是在形成统一国家的进程中完成封建化的典型的封建农奴制国家。无止境地追求土地和农奴是新兴的农奴主阶级的共同属性。俄罗斯同许多新兴的封建制国家一样，在它封建化甫经完成、统一国家建立不久，便开始了大规模的对外扩张。其领土也以极快的速度向四外扩展。在瓦西里三世时期（1505～1533），莫斯科公国的疆域北达白海，南至奥卡河，西及第聂伯河上游，东抵北乌拉尔山的支脉，面积共 280 万平方公里。后经历代统治者的不断对外扩张，俄罗斯很快成为地跨欧亚大陆的世界第一大国。其疆界西至波罗的海（17 世纪 20 年代初），东抵鄂霍次克海（17 世纪 30 年代），南含乌克兰（17 世纪中期）达黑海北岸（18 世纪 80 年代），并占有大部分高加索地区和中亚地区的大片土地。在 17 世纪末至 18 世纪中叶，这个东欧国家的边界已经扩展到邻近我国西北、北部和东北地区。

俄罗斯的主体民族是俄罗斯族，又称大俄罗斯人，是从东斯拉夫人的一支古罗斯人发展而来。9～12 世纪在基辅罗斯形成了统一的古罗斯部族，在此基础上 13～14 世纪形成了俄罗斯、乌克兰（又称小俄罗斯）和白俄罗斯族。大俄罗斯、小俄罗斯和白俄罗斯是三个亲族。最初，大俄罗斯人建立的莫斯科公国是单一的民族国家。随着归并喀山、伏尔加河流域、乌拉尔地区、高加索、西伯利亚和中亚地区，俄罗斯变为容纳 100 多个民族的多民族国家。在帝制时代，俄罗斯族不仅是主体民族，而且是压迫民族。民族成分复杂，民族地区犬牙交错，民族关系紧张，是俄罗斯历史和社会生活的重要特征。

俄罗斯在历史上长期是高度中央集权制国家。莫斯科公国时期，最高统治者是大公。大公联合罗斯诸国对各地进行治理。至 15 世纪中叶，采取等级代表制君主政体。18 世纪 20 年代基本完成了向专制主义的君主政体的过渡，这一政体一直持续到 1917 年二月革命。第一位沙皇是伊万四世（又称伊万雷帝）。1547 年伊万四世亲政，采用古罗马皇帝"恺撒"的称号，俄语称"царь"，即"沙皇"。沙皇就成为 1547～1721 年俄国国君的正式称号。彼得一世在位时改称"皇帝"，实际上自 1721 年之后已废除"沙皇"称号。但在习惯上直到 1917 年专制制度被推翻之前，"沙皇"

称号仍同"皇帝"称号并用。帝制持续存在 370 年，皇权至高无上，因此人们一般称十月革命以前的俄国为"沙皇俄国"。

俄罗斯的国教是东正教，即希腊正教。东正教不像罗马教派那样相对地独立于国家政权，而是紧密地同国家政权结合在一起。中世纪时期的东正教直接受控于拜占庭帝国，俄国的东正教则是沙皇专制政权的精神支柱。东正教在维护沙皇专制主义统治，维护俄罗斯民族独立和国家统一方面起到了十分重要的作用。东正教对俄罗斯人的影响很大，俄国作家陀思妥耶夫斯基甚至说："不是东正教徒就不是俄罗斯人。"

沙皇专制主义与东正教的紧密结合是俄罗斯政治历史文化的重要特征。

俄罗斯强国地位的奠基者首推彼得一世。彼得一世，即彼得大帝，是俄国历史上第一位皇帝。1682 年与其兄伊万五世同时即位，为"第二沙皇"，政权为其姐姐索菲娅把持。他于 1689 年亲政，1697 年以下士身份化名随使团出国考察，遍历西欧主要先进国家。执政期间，他效仿西方，锐意改革：加强封建专制主义的中央集权制，建立新的国家管理机构，实行重商政策，创办工厂，开采矿山，设立学校和科学院，建立海军。他发动 20 余年的北方战争，夺得了波罗的海出海口，并于海口附近建设新首都彼得堡，将新都城作为全俄的政治、军事中心。经彼得一世的改革，俄国成为东欧强国，缩小了同西欧的差距。俄皇亚历山大二世于 19 世纪中期废除了农奴制，并进行地方自治、司法、军事等方面的改革，促进了俄国资本主义的发展，使俄国进入了资本主义时期。19 世纪末至 20 世纪初，俄国进入了帝国主义阶段。同其他帝国主义国家相比，俄国资本主义力量薄弱，而封建势力和军事力量十分强大，故被称为军事封建帝国主义。

俄国是有光荣革命传统的国家，是列宁的故乡。俄国革命以 1825 年十二月党人彼得堡起义为肇端，持续了近百年之久，至 1917 年 3 月（俄历 2 月）爆发的"二月革命"才推翻了沙皇政权。半年后，在同年 11 月 7 日（俄历 10 月 25 日）列宁领导的十月革命推翻了资产阶级临时政府，建立了苏维埃政权，从此俄国历史进入了新的历史时期。十月革命对世界产生了巨大而又深远的影响，改变了 20 世纪世界历史的发展进程。列宁深切关心和支持中国民族民主革命，是中国人民的伟大朋友。

俄国地跨欧亚，是东西方文明的交汇地。俄罗斯学者称俄罗斯文明为东西方"两种文明交汇的文明"，又将俄罗斯喻作"欧亚文明之桥"。这种特殊的历史文化直到今天仍在俄罗斯社会生活中有强烈的表现。在十月革命前的历史中，俄罗斯文化最光辉灿烂的时代是在 19 世纪。大文豪普希金、果戈理、托尔斯泰、高尔基（跨入 20 世纪）等人和伟大的作曲家柴可夫斯基都产生在这个世纪。他们的不朽之作成为人类共同的宝贵文化遗产。俄国的科学泰斗是罗蒙诺索夫和门捷列夫。罗蒙诺索夫是 18 世纪人，他的思想超出了当时的科学水平，他的发现充实了许多知识领域，他提出的一些著名的科学原理奠定了物理化学的基础。门捷列夫发现的化学元素周期律是自然科学的基本定律之一，"门捷列夫元素周期表"被收入各国中学教科书已有近百年的历史。俄国的建筑、绘画、雕塑、戏剧、舞蹈等艺术门类也颇负盛名。俄罗斯文化对世界文明和人类进步作出了光辉贡献。

二 最初的"远方来客"

　　最早在明朝万历年间，俄国曾派出裴特林使团，于1618年到达北京。明政府给以适当的外交礼遇，万历帝还回复了国书，指出中俄均为大国，建议两国平等往来。据俄国史料记载，俄政府不明中国国书的文义，使团除带回一些有关中国地理、物产、交通、军事等方面的情报外，对两国关系并未产生什么影响。

　　对两国关系发生了重大影响的是从雅库茨克出发的几批俄国"来客"。我们这部史话的开篇就不能不从这几批"远方来客"写起。

　　16世纪末沙俄征服西伯利亚汗国，俄国势力迅速向东发展，至17世纪30年代，推进到叶尼塞河流域。1632年俄国远征者在叶尼塞河中游建雅库茨克城堡，沙皇政府派统领统治这一带的雅库特人。后来，他们听说，由此往南有一条通入东海的大江——黑龙江，沿岸住着达斡尔人，河岸有座"银山"，还盛产珍贵的貂皮。1643年雅库茨克统领彼得·戈洛文派波雅科夫前往黑龙江，去为沙皇寻找毛皮、银、铜和未纳贡的人。

同年 11 月，波雅科夫率领 130 余名哥萨克军人闯入中国的精奇里江，然后沿江而下，于 1644 年春过托木河口进入中国东北最大的内河黑龙江，又沿黑龙江下行，出黑龙江口，经马亚河进入勒拿河，于 1646 年 7 月回到雅库茨克。他们是最初的一批沙俄入侵者。

当时外兴安岭以南均属中国领土。精奇里江、黑龙江、乌苏里江都是中国内河。在这片广阔的土地上居住着我国达斡尔、鄂伦春、鄂温克、杜切尔、费雅喀、赫哲等少数民族。他们定期向清政府的地方官员交纳贡赋，接受封赏；有的地区则是清皇室贵戚的封地。

居住在上述土地的少数民族勤劳纯朴，热情好客。他们最初把沙俄入侵者当做远方来客加以热情款待。但出乎预料，这些"客人"趁机绑架他们的头人，进行漫无止境的敲诈勒索，直至抢劫和烧杀，以人肉为食。波雅科夫在乌姆列坎河营地过冬时绝粮，竟指使哥萨克去吃被他们打死的中国人。据俄国学者的记载，"哥萨克吃掉了 50 个异族人"。黑龙江地区居民从此把这批"远方来客"叫做"吃人恶魔"，一提起他们，居民们想到的就是"拷问、拐骗和吃人"。

1650～1653 年，哈巴罗夫再次率哥萨克入侵黑龙江，这次入侵的规模和破坏性比上一次更大。

波雅科夫带回去的关于黑龙江的消息，使雅库茨克统领大为兴奋，他立即上奏沙皇，建议派军队去占领富庶的黑龙江地区。这时盐商哈巴罗夫请求自费装备远征队去完成这一任务，立即得到应允。

1649 年 3 月，哈巴罗夫率 70 人组成的"远征队"从雅库茨克出发，其路线与上次不同，经通吉尔河越外兴安岭，于 1650 年 1 月侵入黑龙江支流乌尔喀河谷，沿江下行至黑龙江沿岸地方。此行，哈巴罗夫得知中国有强大的军队，自知力量不足，便返回雅库茨克请求增兵。雅库茨克统领弗兰茨别科夫加派 138 人的队伍，拨三门大炮和一些枪支弹药，还奉沙皇命令发给了哈巴罗夫征服"达斡尔地方"的命令和给清朝皇帝的信件。哈巴罗夫于 1650 年 9 月进入黑龙江。这是早期沙俄武装殖民者对黑龙江的第二次入侵。

从乌尔喀河口往下的黑龙江沿岸共有 5 座达斡尔城寨，其中最著名的一座城寨是雅克萨。哈巴罗夫匪帮向雅克萨城发动进攻，头人阿尔巴西坚决抵抗，但只有弓箭和冷兵器的达斡尔人无法与持有先进火器的哥萨克抗衡，被迫转移。哈巴罗夫便强占了雅克萨城，加固工事，取名阿尔巴津，以其作为俄军在黑龙江地区的主要侵略据点。此后，俄军便从此据点向黑龙江下游窜犯，沿途奸淫烧杀，对当地中国居民犯下了严重罪行。1651 年 6 月，哈巴罗夫匪徒纵火烧毁了达萨乌尔村寨，接着进攻桂古达尔城。他们用大炮轰击一个通宵，使 200 余名村民死于枪炮之下。城破后，俄军把俘虏全部砍头，共杀死大人和孩子 661 人，抢走妇女 243 人，儿童 118 人。全村 1000 余口，只有 10 余人幸免。那些被劫的妇女，被哥萨克就地"分配"和蹂躏。10 月，俄军窜至松花江口杜切尔人聚居地，哥萨克上岸抢劫，杀死青壮，掳掠妇女，按哥萨克的

"习惯"予以百般凌辱。1653年春，哈巴罗夫率部众从黑龙江下游溯江而上，对沿岸地区再次洗劫，到处掀起"血腥的、毁灭一切的风暴"。

哈巴罗夫的得势刺激了沙皇的侵略胃口，他决定派出3000大军一举征服黑龙江地区。正当俄军厉兵秣马之际，俄国因吞并乌克兰引发了与波兰等国的矛盾，无力东顾。于是沙皇收回成命，只派出150名军人支援哈巴罗夫。这批武装队伍于1653年夏到达黑龙江，连同哈巴罗夫旧部一起划归哈巴罗夫的副手斯捷潘诺夫统辖，兵力总数达500余人，装备也远胜于从前。斯捷潘诺夫还被任命为"大阿穆尔（黑龙江）——新达斡尔地方长官"，受命征服中国黑龙江流域的土地。至1658年被全歼为止，斯捷潘诺夫在黑龙江沿岸窜犯达5年之久，这就是沙俄在黑龙江地区的第三次武装入侵。这次入侵与前两次不同的是，俄兵人数较为众多，能够分成若干股进行多路袭扰，另外从地域上看，其窜扰范围也大大超过了以前两次。1654年5月，斯捷潘诺夫匪帮倾巢出动，从松花江口溯江逆驶三天的行程。这是波雅科夫和哈巴罗夫想做而没敢做的事情。更为严重的是，这次入侵直接得到了沙皇的亲自关注，甚至任命斯捷潘诺夫为黑龙江地区的行政官员，这标志着沙俄对中国黑龙江地区的侵略进入了新阶段。

但是这时黑龙江地区的形势却发生了根本变化，注定了斯捷潘诺夫匪徒灭亡的命运。波雅科夫和哈巴罗夫之所以能够在黑龙江上肆虐，是因为那时中国正处于明清交替的特殊时期。1644年清军入关，东北清军被调往内地，清政府无暇顾及东北边防。当地少数民族虽然对入侵者进行了英勇反抗，但这些反抗斗争是分散的，既没有强大的后方支援，又没有统一指挥，这就难以奏效。随着关内局势的逐步稳定，清政府开始把注意力移向东北边疆，使黑龙江地区的形势迅速好转。另一方面，沙俄入侵者的暴行也为自身的灭亡制造了条件。中国黑龙江沿岸本来是十分富饶的地区，但经过波雅科夫和哈巴罗夫匪徒的轮番洗劫，已被破坏得疮痍满目、凋敝不堪：村屯被毁，青壮被杀，幸存者或四散逃亡，或被勒索得一贫如洗。清政府又实行将居民暂迁黑龙江南岸的政策，黑龙江上中游北岸变成了"无人区"，这就使得从远地而来的斯捷潘诺夫匪帮失去了赖以生存的条件。他们只得分成小股，四处寻食，这又给他们自己制造了随时被歼的机会。沙俄武装入侵者造成的恶果，也使清政府认识到他们不是一般的偶尔闯入边疆地区的入侵者，而是受命于政府前来夺取中国土地的先遣军，对他们必须采取坚决的抵抗政策，才能保证边疆领土的完整和居民的安全。

清军驱逐斯捷潘诺夫的战斗主要有 1654 年松花江口之战、1655 年呼玛尔之战和 1658 年的松花江口之战。

1654 年 6 月，清政府派军队迎战沙俄入侵者于松花江口。战斗于 6 月 16 日开始，一共持续了 3 天。中国军队水陆并进：骑兵列于江岸，江上船艇齐发，大炮从江岸工事的后面轰击。斯捷潘诺夫匪帮付出重大伤亡后退出松花江口，沿黑龙江上窜，在呼玛尔营造堡寨，取名呼玛尔斯克，在这里度过了一个饥饿而恐惧的寒冬。

1655年清政府派固山额真明安达里自京城北京率部出关，进驻呼玛尔。当时清军的作战方略是将沙俄入侵者逐步赶向黑龙江上游，直至赶出领土或全部消灭为止。3月23日明安达里率部进抵呼玛尔城堡，随即将寨外伐木的20名匪徒和从堡寨出来的87名寻衅者歼灭，接着将敌寨四面包围，勒令敌军投降。敌军置之不理，清军便发起进攻。清军用云梯、钩竿、火药包等攻城器械，从4月3日午夜一直打到天明，没有攻下。明安达里便安营扎寨，断敌水源，毁掉敌船，用大炮日夜轰击敌人寨堡。但正当敌人弹尽粮绝、面临全面崩溃之际，明安达里却强调自己粮饷不足，于4月14日下令撤兵。这就使本来胜利在握的作战，最后功亏一篑。

经这次打击之后，斯捷潘诺夫的处境更加困难。他在给雅库茨克统领的求援信中说，军中存粮早已告罄，"我们忍饥挨饿"，"库存火药和铅也用光了"，而中国皇帝的军队以及在他统治下的各族人则人数众多，"哪里也不让我们这些国君的奴仆久留"。就在他们像饿狼一样在黑龙江来回觅食的时候，另一支清军做了全歼他们的战斗准备。

1658年夏宁古塔昂邦章京沙尔瑚达受命迎战沙俄武装匪徒。他率部1400人于7月10日进抵松花江口，向斯捷潘诺夫匪帮展开决战。沙尔瑚达先用47艘战船组成船队，拦住敌船，然后用炮火将敌人赶到岸上，再给以致命打击。斯捷潘诺夫部众共 500 多人，其中一些人在战斗开始时向黑龙江上游逃遁，另一些人不战而降；斯捷潘诺夫被打死，还有 270 人被击毙或生俘。这次战斗决定了沙俄入侵者彻底灭亡的命运。

1659 年清军收复雅克萨，拆除了哥萨克强占的堡寨。另一个俄军侵略据点呼玛尔斯克被当地中国居民付之一炬。1600 年另一支哥萨克军窜犯黑龙江下游中国费雅喀族地区，被沙尔瑚达之子、宁古塔将军巴海歼灭。至此，袭扰中国黑龙江地区长达近 20 年之久的沙俄武装入侵者被彻底肃清了。

中俄关系史的开篇就是这样用血与火的文字写下的。俄国武装殖民者征服西伯利亚和入侵中国黑龙江地区，与 16～18 世纪西班牙在拉丁美洲争夺殖民地是同一性质的，都是以最残暴的手段进行资本的原始积累，不同的是：一个是掠夺亚洲的"毛皮王国"，一个是掠夺美洲的"黄金王国"。俄国吞并了西伯利亚之后，即入侵黑龙江地区，这是俄国历史发展的必然。但是，中国黑龙江地区与西伯利亚地区不同，它是强大的新兴王朝——中国清王朝的辖地，尽管黑龙江地区各民族与西伯利亚大多数民族相近似，都处于较低的社会发展阶段，但是这些民族是清帝国各民族的组成部分。俄国武装殖民者的作战对象不仅是这一地区的少数民族，而且是整个的清帝国，这样这批武装入侵者被歼的命运也是历史必然。通过俄中两国这段武装入侵和武装反入侵的历史，两国从素昧平生已经成

为双边关系难以分开的国家。两国相互之间有了初步
的了解：俄国认识到清帝国远非西伯利亚汗国可比，
有较强的军事实力；中国也认识到俄国与一般的部族
不同，是一个不可轻视的对手。至于中国黑龙江地区
各族人民对俄国早期入侵者的感受，除了"吃人恶魔"
之外，没有其他印象，这就培植了他们的爱国主义意
识和抗击外来入侵者的决心。

三　中俄两国关系的确立

——两次雅克萨战争与中俄《尼布楚条约》

1658～1660 年清军肃清沙俄武装入侵者之后，拆除雅克萨据点，从沿江一带内撤，忽视了对东北边防的进一步加强，给入侵者再次到来造成了可乘之机。

1665 年俄国逃犯切尔尼果夫斯基率 80 余名武装罪犯窜到中国雅克萨城故址，在哈巴罗夫所建阿尔巴津堡寨的废墟上重新建起了一座城堡，作为这帮匪徒的巢穴。这座城堡便被称为"阿尔巴津贼堡"。

从波雅科夫到切尔尼果夫斯基的入侵路线，都是从雅库茨克出发，越外兴安岭向南推进，进入中国黑龙江地区。另外还有一路，即以叶尼塞斯克为基地，越过贝加尔湖，侵入中国蒙古地区。

早在 1650 年俄国武装殖民者就窜到石勒喀河与尼布楚河汇流处我国尼布楚地方，企图建立侵略据点，以扩大对我国蒙古地区的侵略，但由于我国当地民族举行各种形式的抵抗，未获成功。1656 年夏，俄国叶尼塞斯克统领帕什科夫亲率数百名军役人员，携大批枪炮弹药从叶尼塞斯克出发，进入石勒喀河流域；于

1658 年在尼布楚强建涅尔琴斯克堡，对中国尼布楚地区实行武装占领。帕什科夫任尼布楚统领兼黑龙江地区沙俄侵略军总头目。从此尼布楚便成为沙俄在黑龙江上、中游一带殖民势力的中心。尼布楚与雅克萨两处俄军相呼应，使刚刚平静的中国北疆局势又复杂化了。

这次俄国武装殖民者的卷土重来，比前三次带有流窜性的入侵者更有危险性：第一，侵略头目的职务提高了，帕什科夫为俄国西伯利亚重要据点的统领，切尔尼果夫斯基虽最初为逃犯，但沙皇政府赦免了他，正式任命他为"阿尔巴津管事"，让他到中国"达斡尔地方"征税治民；第二，在尼布楚和雅克萨建立起永久性的据点；第三，策动头人叛国，裹胁边民投俄，1667 年切尔尼果夫斯基策动嫩江流域的索伦部头人根忒木尔叛国投俄，破坏边疆地区的稳定。

俄国武装殖民者强占尼布楚，重据雅克萨，煽动根忒木尔叛国，使清政府认识到事态的严重性，不能不认真对待。1670 年春，宁古塔将军巴海派员赴尼布楚递交文书，斥责俄兵侵犯黑龙江地区，要求俄兵停止侵略活动，引渡根忒木尔，建议俄方派人来北京商谈，以期改善两国关系。尼布楚统领阿尔兴斯基派米洛瓦诺夫出使北京。为改善两国关系，避免发生战争，康熙帝破例接见了米洛瓦诺夫，并赠送衣、帽、绸缎等礼物，又派达斡尔总管孟额德陪使团回到尼布楚，让孟额德亲自将致沙皇的国书交给阿尔兴斯基。康熙帝在国书中明确指出，雅克萨一带是中国领土，切尔尼果夫斯基盘踞雅克萨，侵犯中国边民，因其为俄皇臣民，"故未下令讨伐"，要求俄军停止为非作歹。阿尔兴斯基口头应允，但根本没有实现诺言。后来孟额德又多次赴尼布楚交涉，都毫无结果。

1676年沙皇派出的大使级尼果赖使团来到中国，清政府派礼部侍郎马喇到嫩江迎接，并在那里同俄国使臣进行谈判。尼果赖拒绝向马喇转交国书，谈判毫无结果。清政府为和平解决中俄边境问题，决定允许尼果赖进京。尼果赖到达北京后，按沙皇的训令，向清政府递交了一份照会，提出释放被俘的哥萨克入侵者，中国使团携带宝石、金银、绸缎等赴俄"报聘"，中国每年向俄国输出白银4000普特及各种宝石，俄商在中国各地自由贸易等12条要求。但对中国多次向俄提出的停止领土侵略、引渡根忒木尔等要求，仍旧置之不理。尽管尼果赖无理至极，清政府还是给他适当的礼遇，由康熙帝接见、赐宴并赠给礼物。同时，清政府也向尼果赖郑重声明：中国方面以前多次致信俄方，要求停止侵犯中国领土和引渡根忒木尔，但未得回答，因此中国政府不再复函沙皇。中国方面希望：①俄方交还根忒木尔；②出使中国的人应当明白道理；③停止侵扰中国边疆。如这三条办不到，对俄方要求一条也不能接受。尼果赖此次使华，得知清政府忙于平定"三藩之乱"，无暇北顾；又从清政府钦天监监正、耶稣会士南怀仁处得知清政府对黑龙江地区的战略计划，认为清帝国不堪一击。他在给沙皇政府的出使报告中说：只要沙皇在额尔古纳河或海拉尔河建立一个堡寨，所有居住在尼布楚与嫩江之间的土著人就会臣服沙皇。中国军队不懂按军事科学作战，只需一支不大的俄军，就可以把他们制服。尼果赖的这次使华使清政府和平解决边境问题的一切希望化为乌有。康熙帝只有选择战争保卫自己领土的最后一条路了。

由于俄国当局错误地理解了清政府和平解决边境问题的诚意，以为真的如尼果赖报告所讲的那样，清帝国无力制止俄军的侵犯，因而在尼果赖使华之后，沙俄入侵者更变本加厉地扩大了侵略活动。

1680年沙皇政府任命御前侍卫伏耶科夫为尼布楚统领，他上任后立即按照训令积极扩充军备，增加兵员，组织"远征"，力图侵占更多的土地。1681年在额尔古纳河东岸强筑额尔古纳堡，在勃良塔河与精奇里江汇合处建新结雅斯克堡。1682年雅克萨的俄军在城郊把20余名中国猎户骗进一间屋中活活烧死。同年，雅克萨俄军沿江下驶，直达黑龙江下游，对当地中国费雅喀人进行屠杀。这些事实表明：在尼果赖回国后的五六年间，沙俄对黑龙江流域的侵略不仅没有停止，反而更加咄咄逼人，侵略的范围不仅包括黑龙江上游一带，而且扩大到中、下游地区和额尔古纳河东岸。

面对来自沙俄的严重威胁，清政府开始了认真的作战准备。清政府命令宁古塔将军将治所移驻吉林市，在吉林建造木城，抽调2000名八旗兵驻防，建造战船40余艘，江船数十艘，练习水战。1681年历时8年之久的"三藩之乱"全部平定，清政府便着手全面加强东北边防：储备粮食，建筑仓库，增建运输船和战舰，设立驿站系统，开通辽河、松花江和黑龙江的交通干线，并在瑷珲、呼玛和额苏里等地建立木城，置兵屯守，以防沙俄进一步入侵。1682年康熙帝亲自出巡东北，视察了盛京（沈阳）和吉林乌喇（吉林市）等地的防务，准备抗击入侵俄军。

在积极进行作战准备的同时，清政府再次作出和平努力，在1681年和1682年两次派使者到尼布楚，要求举行谈判，同时派人赴雅克萨投书，要求他们撤回本国。此外，每当俘虏俄国人，总是友好相待，遣送他们回国，让他们捎去致俄方的信件。但所有这些善意，都不曾得到回报。于是康熙帝决心以武力驱除沙俄入侵者。

为了掌握雅克萨俄军动静，康熙帝于1682年9月派副都统郎谈和一等公彭春前往调查。经实地察探，郎谈认为攻灭俄军很容易，只需发3000兵马就足以够用。但康熙没有立即发兵，决定再给俄军一次机会，待瑷珲等城筑成后逼俄军自动撤走。1683年7月，雅克萨俄军一部乘船下驶，企图到牛满河地区劫掠，被驻泊在精奇里江江口的中国兵船截获，30余名俄军被俘，其余在逃命中被各族人民歼灭。清军乘胜溯精奇里江而上生擒盘踞在新结雅斯克的全部俄军，平毁德隆斯克和昔林宾斯克等堡寨。这时居住于牛满河与亨衮河一带的奇勒尔人、鄂伦春人、费雅喀人等各族人民积极配合清军作战，至1683年底，在黑龙江中、下游地区基本上已不见俄军踪迹。彻底驱除入侵者，收复雅克萨和尼布楚已提上了具体日程。

在中国军队收复黑龙江中、下游俄军强占的据点后，沙皇急忙颁布一道特别诏书，命令从西伯利亚各地招募1000名哥萨克兵，携带枪炮弹药到黑龙江地区增援，同时决定在雅克萨建立统领辖区，任命有作战经验的贵族托尔布津为第一任统领，到雅克萨指挥作战。这些情况预示，如清政府再有迟疑，黑龙江地区将会受到更严重的侵扰。

1685年2月，康熙帝命令都统公彭春、副都统郎谈、黑龙江将军萨布素等统兵，水陆并进，收复雅克萨。4月，清军自瑷珲出发，6月23日抵雅克萨城下，25日晚发起总攻：于城南设挡牌土垒，施放弓弩，以红衣大炮轰击城北，神威将军炮两翼夹攻，在江南密布战船，以防俄兵从水上逃遁。第二天，朗谈又令在城下三面积柴，准备以火焚城。托尔布津走投无路，率众乞降。彭春等清军统帅决定给予宽大处理，对愿意回国者600余人，准其携带武器离去；愿留中国者45人，也答应了他们的要求。托尔布津感激涕零，叩头而去，保证今后再不来雅克萨骚扰。被沙俄入侵者盘踞20年之久的雅克萨城遂告收复。清军轻信了俄军谎言，焚毁俄军强建的堡寨后撤退到瑷珲城，并未留兵驻守，又一次犯了严重错误。

1685年8月，托尔布津率大批俄军再次窜到雅克萨，在旧堡的废墟重建城堡，城墙上安设大炮，城中设有军火库、军需库和粮仓，比原先更为坚固。

俄军的背信弃义行为引起清政府的极大愤慨，康熙帝于1686年3月下令萨布素再征雅克萨。7月18日清军进抵雅克萨城下，托尔布津拒绝投降，萨布素遂挥军攻城。为减少伤亡，清军采取了长期围困的战略，于城外掘沟立垒，断城中水源，用大炮轰击敌垒。9月，托尔布津中炮毙命，怀敦继任。接着严冬来临，俄军饥寒交迫，加之坏血病流行，死者枕藉。到12月，在826名沙俄侵略军中，只剩下150人，到第二年春天，减至66人，已完全丧失了抵抗能力。

雅克萨城下的失败，使沙俄政府认识到清帝国的实力，通过武力征服是行不通的，只有讲和，平等相处。于是，沙俄政府派出急使魏牛高投书北京，声明已派出使臣戈洛文前来中国举行边界谈判，要求清政府撤雅克萨之围。

康熙帝本来就主张以和平谈判的方式解决中俄边境问题，就在魏牛高到北京之前，雅克萨之战取得重大胜利的时候，清政府就写了两封致沙皇的国书，建议两国举行谈判，"分立疆界"，以示和好。魏牛高来华求和，正符合康熙用兵雅克萨的初衷。于是康熙决定谕令萨布素撤回雅克萨之兵。至1686年12月，清军停止了攻城，对雅克萨之敌，保持一种并不严密的封锁。城中俄军粮食告罄，清军便接济粮食，康熙帝还派两名御医为俄军治病。当清政府得知俄国谈判使团将到达边境的消息后，命令萨布素撤围。至1687年8月，清军全部从雅克萨撤到瑷珲、嫩江一带，历时两年的雅克萨自卫反击战至此宣告结束。

这次自卫战争的胜利，导致了中俄尼布楚边界谈判的举行。清政府对雅克萨俄军的宽大政策，为谈判创造了良好的气氛。

1686 年 1 月，沙皇政府指派戈洛文为全权大使，负责同中国进行谈判事宜。戈洛文乃大贵族出身，历任御前侍官等职，出任首席谈判使臣后，沙皇政府又临时加授他布良斯克总督头衔，以突出其身份。1686 年 2 月 5 日，戈洛文使团从莫斯科出发，带 500 余名特种常备军作护卫和 270 车弹药粮秣，途经托博尔斯克等地时又增募哥萨克兵 1400 余名，总兵力达 2000 人之多。1687 年 9 月下旬戈洛文一行到达乌丁斯克（今俄罗斯乌兰乌德市），随即派信使通知清政府，建议以色楞格斯克作为谈判地点。

1688 年 3 月下旬，戈洛文的信使到达北京，转达了中俄在色楞格斯克举行谈判的建议，清政府立即接受了这一建议，委派领侍卫内大臣索额图为使臣，带卫兵 600 人，火器营 200 人前往色楞格斯克。索额图一行经张家口、归化（今呼和浩特市）等地，穿过蒙古沙漠地带，于 7 月下旬抵克鲁伦河附近，为噶尔丹叛军所阻，只得折回。于是双方商定在尼布楚举行谈判。

清政府仍派索额图为首席谈判代表，还随团派出两名耶稣会士徐日升（葡萄牙人，原名托马斯·贝瑞拉）和张诚（法国人，原名费朗索阿·热比翁）充任拉丁文翻译，并调黑龙江兵 1500 人护卫使团。1689 年 6 月 13 日中国使团出古北口北上，于 7 月 31 日抵达目的地，在石勒喀河南岸扎营，与尼布楚隔河相望。8 月

19 日戈洛文率俄国使团到达尼布楚，经初步协商后，从 8 月 22 日起开始了谈判。谈判是在完全平等的条件下进行的。谈判地点选在尼布楚城与河岸之间的中俄代表团驻地的中间点，临时搭设帐篷作为会场。双方各带卫士 300 名，所有兵士只带佩刀、斧钺，不得带其他武器；另外在会场以外各设 500 名兵士作卫队。

会上俄方提出"以黑龙江至海为界"，左岸属俄国，右岸属中国。中方对此无理领土要求坚决拒绝，索额图要求俄国人退到色楞格河以西，并将尼布楚和雅克萨一带归还中国。第一天谈判没有结果。第二天，俄方提出以牛满河和精奇里江为界，中方也作了让步，表示可以让出尼布楚，以尼布楚为界，石勒喀河南岸以音果达河为界。俄方对这一让步仍不满足，谈判陷入僵局。24 日，谈判再次中断，从此至 9 月 7 日两国使臣没有会见，双方通过译员进行商谈。在中方代表作重大让步后，于 9 月 7 日双方达成了协议，正式签订中俄《尼布楚条约》。条约分拉丁文、俄文、满文三种文本，以拉丁文本为正式文本。主要内容为：

（1）正式划定两国东段边界。条约规定两国东段边界以外兴安岭（即斯塔诺夫山脉）至海、格尔必齐河和额尔古纳河为界。外兴安岭以北、格尔必齐河和额尔古纳河以北诸地属俄国，外兴安岭以南、格尔必齐河和额尔古纳河以南诸地属中国。

（2）俄国在雅克萨所建城堡即行拆除，居住此处的俄国人尽数迁入俄境。两国人不得擅自越境。

（3）两国不得接纳对方逃犯；若有越境逃亡者，

应械拿送还对方。

（4）现在俄民在中国或华民在俄国者，听其照旧居住。

（5）两国人民可持护照过界来往，贸易和互市。

（6）两国和好，来自边境的争端永予废除。

此外，《尼布楚条约》还载明："此约将以华、俄、拉丁文刊之于石，而置于两国边界，以作永久界碑。"

《尼布楚条约》是中俄第一个平等条约。条约的缔结，首先是中国自卫反击战取得胜利的结果。在条约缔结之前，俄国对中国黑龙江地区进行武装侵略已达数十年之久，其间清政府多次呼吁俄方停止侵略，举行和平谈判，均遭拒绝。如果没有反击战的胜利，举行和谈不但是不可能的，而且沙俄的侵略活动还将进一步升级。但是，清政府就是在进行雅克萨之战的时候，也是以战迫和。就在雅克萨城唾手可得之时，清政府获悉俄方同意谈判，便立即撤围。这一切表现出清政府始终如一的和平解决边境领土问题的诚意。这是和平谈判取得成功的原因之二。第三，在谈判过程中中方代表作出了重大让步，同意将额尔古纳河和格尔必齐河以西，包括尼布楚在内的中国原有领土让给了俄国，将乌第河流域作为未定界地区，杜绝了俄使故意使谈判破裂的借口。

《尼布楚条约》的签订，消除了中俄两国间的敌对状态，为两国关系的正常化奠定了基础。条约规定中俄两国东段边界以外兴安岭至海、格尔必齐河和额尔古纳河为界，从法律上肯定了黑龙江和乌苏里江流域的广大地区都是中国领土。中国收回了被沙俄侵占的部分领土，制止了沙俄对黑龙江的进一步侵略，使东北边疆获得了比较长久的安宁。

另一方面，沙俄通过《尼布楚条约》把中国方面让予的贝加尔湖以东尼布楚一带纳入了它的版图，把乌第河流域划为待议地区，并获得了巨大的通商利益，初步达到了扩大中国市场的目标。

《尼布楚条约》的签订标志中俄两国正式建立了国家关系。从此，中俄这两个相互陌生、曾一度发生边境战争的国家，在相当长的时间成为和平往来的近邻，两个国家、两国人民交往增多了，了解加深了，经济文化交流也一步步地密切起来。《尼布楚条约》是中俄关系史上的第一座里程碑。

俄国方面对《尼布楚条约》的签订极为满意。除条约换文后俄国使团举行热烈的招待外，俄方全体使臣还送中国使臣走了一段路，并派人提灯笼送中国使臣上船。戈洛文为纪念双方建立起来的"真挚友谊"，还为中国使团送来珍贵的礼品：貂皮、猞猁皮，表示他热忱之情；自鸣钟象征分别后声息相闻；望远镜可眺望远方朋友；银壶、银杯可开怀畅饮，以示别后彼此怀念。沙俄政府为表彰戈洛义使团，赏给了他们金质奖章，戈洛文以下直至军役人员都得到了升迁。

9月9日，中国使团从尼布楚动身回京。第二天戈洛文下令俄军立即拆毁阿尔巴津堡（雅克萨城堡），全部撤回尼布楚，并下令将额尔古纳堡从额尔古纳河东岸迁至西岸。10月下旬，俄使团启程返回莫斯科。

四　中俄北部边界的划定与中俄商约的缔结

——中俄《布连斯奇条约》和《恰克图条约》

俄国武装殖民者在入侵中国黑龙江地区的同时，也把触角伸向了中国蒙古地区。为保持蒙古地区的安宁，清政府从进行尼布楚谈判的 1689 年起，多次建议俄方举行中俄谈判，划定中俄在蒙古地区的北部边界，均遭拒绝。因此，中俄北部边界问题，在《尼布楚条约》签订后拖延了近 40 年的时间才得到解决。

大漠以北至贝加尔湖一带是我国蒙古民族的游牧地，清初这些地区分属喀尔喀车臣汗、土谢图汗、札萨克图汗管辖。1691 年清政府把大漠以北的蒙古行政区划重新调整，实行盟旗制度。以旗为军事、行政单位，旗军政长官称札萨克，若干旗组成一个盟，同时保留以上三汗的称号。通过这次行政改革，清政府加强了对蒙古地区的统治。除叶尼塞河上游地区为我国厄鲁特蒙古准噶尔部建立的割据政权管辖外，其余蒙古地区都处在清中央政权的有效管辖之下。

俄国势力加紧向蒙古地区渗透是从 17 世纪下半叶

开始的。1666年在色楞格河强建色楞格斯克堡是沙俄向蒙古地区扩张势力的重要步骤。该堡的建立使喀尔喀蒙古地区受到了严重威胁；因此，土谢图汗等曾向俄方提出强烈抗议。在《尼布楚条约》谈判之前，俄国使臣戈洛文曾勾结准噶尔叛乱头目噶尔丹进攻喀尔喀；《尼布楚条约》签订后，戈洛文等又怂恿噶尔丹进攻喀尔喀地区。但因康熙帝及时发觉，特别是迅速平息噶尔丹叛乱和喀尔喀蒙古的坚决抵抗，沙俄勾结噶尔丹吞并蒙古地区的阴谋未能得逞。此后，沙俄便采取逐步蚕食的策略，从北向南，向我国贝加尔湖以东的蒙古地区不断派出骑兵，强行建立"骑兵防哨线"。至18世纪初期，俄国势力已进入到恰克图及其东方库达喇河口地区。通过《尼布楚条约》建立起来的中俄正常的国家关系迅速地恶化了。

当时沙皇俄国对华政策主要是追求两大目标，一是领土利益，二是商业利益。《尼布楚条约》的签订，使俄国不能再向黑龙江流域扩张势力，便向蒙古地区蚕食中国领土。但是由于当时清政府拥有较强大的自卫力量，俄国也不敢在蒙古地区太恣意妄为。实际上在《尼布楚条约》签订之后，俄国政府把更大的注意力集注于商业利益上。

随着17世纪全俄市场的形成，商品经济的进一步发展，俄国新兴的商人阶级要求不断扩大国内外市场。彼得一世连年穷兵黩武，国库枯竭，更需要大笔战争经费。俄国工业生产远远落后于西欧国家，产品没有竞争力，无法扩大国外市场，唯一具有出口竞争力的是毛皮。但 17 世纪末由于北美皮货的竞争，欧洲皮货市场滞销，俄国皮货也无法立足。中国与土耳其、波斯和欧洲相比更加邻近西伯利亚毛皮产地，运输便利，而且需求量大，因此中国就成为俄国毛皮最理想的销售市场。《尼布楚条约》的签订，给俄国送来了打开中国毛皮市场的难逢机遇。俄国私商和国家商队大量来华贸易，仅毛皮一项就给俄国带来巨大的收入，对华贸易的税收成为俄国财政的重要支柱。维护和扩大中国市场就成为沙皇政府对华政策的首要问题。

由于沙皇政府多次拒绝谈判划定中俄北部边界，并不断地在中国西北边境地区策动民族分裂主义头目策旺阿拉布坦等人"臣服"俄国，接纳逃犯，清政府于 1722 年宣布驱逐库伦俄商，拒绝俄国商队入境，在中俄两国边界问题和越界边民问题解决之前，暂停中俄贸易。

中俄贸易的中断使俄国国库收入受到了巨大损失。俄国同瑞典、波斯连年作战，兵力和财力消耗巨大，不允许再在中国边境搞军事冒险。同时，清政府在平定噶尔丹叛乱后，加强了北部地区的边防。这些情况使沙皇政府认识到了局势的严重性，开始重新考虑对华政策问题。1722 年 8 月初，彼得一世发布谕旨，宣布愿意按照《尼布楚条约》的规定，处理中国越境边民问题。1724 年 3 月俄方通知清政府官员，准备遣返 84 名越境中国边民。1725 年沙皇政府正式决定派遣使团来华，就两国贸易和划界问题举行谈判。

1722 年和 1725 年，康熙帝和彼得一世相继去世。

彼得一世的妻子叶卡捷琳娜一世继俄皇位后，根据彼得一世生前的意图，决定借祝贺雍正帝登极和宣布她即位的名义，派出以伯爵萨瓦·务拉的思拉维赤为首的高级代表团前来中国进行谈判。1725年6月29日沙皇政府正式任命萨瓦为特命全权大使，随团有秘书格拉什诺甫，之前派往中国的商务代表郎克，以及卫队长、测绘官、东正教教士等120人，卫队1500名。在使团经费10万卢布中拨出3000卢布作为贿赂中国官员的"礼品"费。

俄国政府对萨瓦使华极为重视，俄外交委员会向他发出45条极为详细的训令，商务委员会也发出20条训令，主要内容如下。

（1）使团的中心任务是恢复中俄贸易，缔结中俄通商条约。训令要求使团在谈判中应使中国恢复俄国的商队贸易；俄商贸易免税；俄商在中国全境自由贸易，不受地区和人数的限制；俄有权在北京设商务领事。如此广泛而又过分的商业要求，任何国家都不会同意的，萨瓦对此也感到为难。

（2）关于划分中俄北部边界问题。俄外交委员会指示萨瓦，让他在途经西伯利亚和在那里逗留期间，应尽快绘出详尽的边境地图，"明确指出一切必须归属俄国的地区"，详尽呈报，以便作为与中国交涉的依据。

此外，训令还就传教问题和交还被裹胁的中国边民问题作了具体指示。

雍正帝得知俄国使团即将来华的消息，即派国舅隆科多和散秩大臣四格为谈判代表，前往边境迎接俄国使团。

俄国使团于 1725 年 10 月从圣彼得堡出发，至次年 9 月抵恰克图附近的布尔河与隆科多、四格相会。原拟谈判在恰克图举行，因萨瓦负有祝贺雍正登极的使命，四格陪他前来北京。萨瓦在京期间，与吏部尚书察毕那、理藩院尚书特古忒、兵部侍郎图理琛三人进行 30 余次会谈，先后提出条约草案 20 个，其争论焦点是划界问题。萨瓦行前奉有指示，要尽力拖延谈判，以待中俄北部边境地图绘制完毕，为沙皇政府获得更多的领土要求找到根据。因此，萨瓦在谈判中漫天要价，反诬中国"侵占"了久已"臣服"俄国的蒙古阿勒坦汗的土地，拒不承认窝藏中国越境边民，给谈判设置重重障碍。与此同时，萨瓦利用在北京的方便，与在北京的法国耶稣会士巴多明（原名巴雷宁）秘密勾结，刺探了不少清政府的情报；又通过巴多明买通清大学士马齐。萨瓦付给马齐 1000 卢布的皮货，给中间人巴多明 100 卢布的酬金。马齐便将清政府有关谈判的决策全部告诉了萨瓦，为几件皮大衣甘当了民族败类，巴多明则为了几个小钱出卖了"上帝的尊严"。萨瓦通过卑鄙的手段，获得了重要情报，谈判中要价越来越高。

清政府谈判代表察毕那等对萨瓦的无理的领土要求进行了严厉驳斥，指出在《尼布楚条约》签订后俄国人从中国蒙古地区夺去了大片土地，理应归还中国；在划界问题和归还越界边民问题解决之前，不谈贸易问题。萨瓦则坚持在贸易等问题解决之前，不能考虑划界问题。

为打破谈判僵局，清政府主动在贸易等问题上作了让步。1727 年 4 月，双方就原则问题达成了 10 条协议，中俄国界由两国代表在边境地区商谈划定，缔约谈判在边境地区举行。

1727 年 5 月萨瓦离开北京，6 月 25 日到达布尔河。俄方已事先在该地调集了军队，扎下了大营。萨瓦强硬要求中俄谈判必须在布尔河畔举行，中俄边界也必须通过这一带。此时，俄方进行的边境地区的勘察和地图绘制工作也宣告结束，完成了谈判前的一切准备。

为不使谈判破裂，中方代表同意到俄国使团营地谈判。中方代表有隆科多、策凌、四格和图理琛四人，俄方代表以萨瓦为首，参与谈判者为郎克、阔留赤甫和格拉什诺甫。1727 年 7 月 3 日谈判开始。在谈判过程中，隆科多要求俄国归还所侵占的蒙古土地，立场坚定，毫不退让，俄方在谈判桌上拿不到任何东西。于是萨瓦将托博尔斯克的卫戍团调到边境，增加武力威胁。巴多明和马齐则在北京积极活动，力劝清政府作出让步。雍正帝接受了马齐的建议，借故将隆科多撤回，由策凌暂充首席谈判代表。策凌一反隆科多的态度，处处对俄退让，使谈判急转直下，迅速按俄方提出的划界方案达成了协议，于 1727 年 8 月 31 日与俄方签订了界约。由于签约地点在布尔河畔，界约称《布连斯奇条约》。

条约分满、蒙、俄、拉丁四种文本。条约规定：中俄中段边界以恰克图和鄂尔怀图山之间的第一个鄂博（蒙语，又称敖包，是我国蒙古族各部落用以标示牧地界限的石堆，此处用作中俄两国分界标志）为起点，由此向东至额尔古纳河，向西至沙毕纳伊岭（即沙宾达巴哈，位于唐努乌梁海地区的西北端），北部归俄国，南部归中国。

《布连斯奇条约》签订后，中俄双方即派出界务官，分组前往恰克图东西两个方向，划定地段，勘分国界，设立界标，订立界约。勘界后，双方分别订立了中俄《阿巴哈依图界约》和中俄《色楞额界约》，在恰克图以东共设置了 63 个界标（鄂博），在恰克图以西共设置了 24 个界标。

这次缔结《布连斯奇条约》和两个界约，不仅使俄国在缔约前侵占的我国蒙古地区大片土地合法化，而且还使其获得了最好的产貂地区楚库河上游长约 300 俄里（1 俄里＝1.06 公里）的土地，并得到 205 户貂皮纳贡者。萨瓦在给俄外交委员会的报告中说：缔约谈判的成功是由于隆科多的被召回，以及巴多明和马齐提供的情报；俄国勘界官通过实地划界，又得到了"《布连斯奇条约》中没有规定、甚至给大使的训令中也没有规定要得到的土地"。

《布连斯奇条约》是在清政府作出很大让步情况下签订的平等条约。它正式划定了长达 4000 余公里的中俄中部边界（今大部分为俄蒙边界），抑制了俄国向边界以南中国领土的扩张，对解决越境居民和引渡逃犯问题提供了法律依据。这就为订立两国政治、经济、宗教诸方面相互关系的总条约准备了必要的条件。

清政府根据《布连斯奇条约》和1727年4月中俄双方在北京达成的10条协议，拟就了中俄边界、贸易等总条约草案，经雍正帝批准后，将约本送达恰克图。1728年6月25日，中俄全权代表在恰克图正式签字，至此中俄《恰克图条约》正式缔结。

《恰克图条约》有满文、拉丁文和俄文三种文本，约文共11款，主要内容如下：

（1）边界。《恰克图条约》包含了《布连斯奇条约》。中俄双方互换了边界地图和关于边界地形的说明，并重申了《尼布楚条约》中乌第河流域为未定界地区。

（2）贸易。条约规定俄国商队不得超过200人，每间隔3年来北京一次。中俄贸易均不收税。除了商队来北京贸易外，还规定以恰克图作为贸易市场，中俄进行互市贸易。

（3）宗教。条约规定北京俄罗斯馆只供来北京的俄国人居住，中国协助在该馆建造东正教教堂。除原住北京的东正教教士1人外，准补派教士3人，中国供给膳食。此外接受6名俄国学生来北京学习满文和汉文，住俄罗斯馆，由俄国皇室供给膳食。

（4）越境人犯。条约规定，以前越界者不再归还，此后绝不准收留；双方皆应严行查拿，各自送交边界官。逃兵、逃犯、越境行窃、杀人者和其他逃民按不同情节依法判罪。

中俄《恰克图条约》是继《尼布楚条约》之后中俄两国最重要的条约。就当时的国际交往水平来说，《恰克图条约》也是关于中俄全面关系最高水准的国际条约。当时清政府与俄国政府的政治关系主要体现在如何对待逃犯问题上。从康熙到雍正朝，清政府面临的北部边疆最大的问题是准噶尔部地方民族分裂主义势力叛乱问题。少数民族分裂主义头目（如噶尔丹）以投靠沙俄作为他对抗中央政府的重要手段。而诱迫这些头目"臣服"沙皇又是俄国进行领土扩张的重要策略。如他们相互勾结起来，制造大的边境战争，中国整个北部边疆必然动荡不安，甚至于威胁到清朝中央政权的稳固。中俄蒙古地区边界的划定和两国不接纳逃犯的规定，消除了清政府面临多年的民族叛乱分子与俄国势力内外勾结的心腹之患。清政府的领土让步加强了中俄信任关系，使自己可以全力向内。1732年杭爱山光显寺清政府军大败准噶尔叛军，清廷终于使北部边疆恢复了安宁，这正是订立《恰克图条约》所产生的重要效果。

《恰克图条约》关于中俄贸易的具体规定大大加强了两国的贸易关系。俄国取得了巨大的商业利益，但两国贸易往来的加强对双方都是有利的。而更为重要的方面则是，俄国为维护其对华商业利益就必须保持与中国和平友好相处的关系。萨瓦在《恰克图条约》签订后，向俄政府建议：在条件不允许的情况下，不要因"小事与中国开战"，因为战胜中国"绝非易事"；即使侥幸占据了黑龙江，"我们从中究竟得到多大好处？因为这样的远征所要耗费的开支甚至在100年内也无法弥补……和平将被这一战争所破坏，与中国贸易也势必要中断，俄国的属民——西伯利亚人必将陷入贫困和破产"。因此，"绝对不要因一件小事就与中国人开战，而应尽可能与他们友好相处，维护和平，努力增加边境贸易，同时也不中断今后前往北京的商队"。萨瓦的建议是正确地分析了中俄两国实际情况提出来的。在《恰克图条约》签订后100余年里，中俄两国维持了和平往来的睦邻友好局面。

《恰克图条约》是中俄关系史上又一个里程碑。

五 19 世纪中期以前
中俄贸易往来

中俄两国正式的直接贸易和文化交往始于《尼布楚条约》签订之后，《恰克图条约》的签订又进一步促进了这一贸易和文化往来关系。在展开本题之前，有必要对两国正式建立关系之前中俄之间的间接贸易联系作一简要的回溯，以便我们对两国源远流长的交往史有一个连贯和完整的认识。

早在俄罗斯统一的民族国家形成之前，通过中亚、伊朗商人的中介，中俄商品经丝绸之路，相互到达了对方国家。在元代，俄罗斯处于钦察汗国统治之下。蒙古统治者重视交通，鼓励贸易，使欧亚大陆交通无阻。中亚商人往返于丝绸之路，中国丝绸、瓷器等商品行销于俄罗斯各个城堡。当时贸易中心是位于伏尔加河下游的钦察汗国首府萨莱，在市场上出售来自中国、伊朗、中亚等地的各种货物，熙攘着操各种不同语言的富商大贾，俄罗斯商人大批涌来，还特别在萨莱开辟了一个独立教区，可见俄罗斯商人在萨莱进行贸易的盛况。毫无疑问，俄罗斯的商品也经萨莱的中转到达了中国。15世纪初，帖木儿帝国兴起，汗国首府撒马尔罕成为国际贸易中心。据曾滞留于该地的西班牙使臣克拉维约记载：撒马尔罕的货物堆积如山，商人们从俄罗斯等地运来了竹布、皮革，由中国"运来丝货，美丽非凡，尤以绸缎为最。又麝香一物，世界他处绝无。红玉、钻石、珍珠、大黄等物，亦皆来自中国"。到16世纪布哈拉汗国取代了帖木儿帝国，布哈拉城又成为中俄商品的转运中心。沙皇伊万四世曾亲自召见来自希瓦（希瓦汗国，16～20世纪初中亚封建国家，1924年并入苏联乌兹别克共和国和土库曼共和国）、布哈拉、撒马尔罕的使节，与他们缔结商约，允许他们的国家在俄国经商。这样，就进一步扩大了中俄商品的中转渠道。中国商品最初只是俄罗斯宫廷、高级官员和富商们可以享用的奢侈品，随着贸易渠道的扩大，进入俄罗斯的中国商品的大量增加，昔日东方的珍品，也开始进入了寻常百姓之家。16世纪末在俄国税单上载有一种叫"基泰卡"的纺织品深得俄罗斯人的喜爱。所谓"基泰卡"即俄文中国一词"Китай"加上语缀"Ka"合成的"Китайка"，即中国的纺织品。它是中国产的丝绸，后来又表示是中国南京产的一种棉布。这种丝绸和棉布呈蓝色，美观耐用，它正式上了俄国的税单，而且有了专门名称，表明这种中国纺织物已在俄国大量销售了。那时中国没有前往俄国的使臣，但"基泰卡"却成了中国最早的"驻俄大使"。俄国人民通过这位商品大使了解到中国是一个十分富庶的国家，中华民族是一个充满智慧的民族。

　　引起沙皇对中国巨大兴趣的还是《马可·波罗游记》。16世纪伊万四世时代，《马可·波罗游记》从西欧传至俄国。书中描绘的遍地是黄金的中国立即使俄国宫廷和富商大贾们惊羡不已。他们从欧洲得知，可以经俄国找到通往中国的近路，于是伊万四世开始以重金悬赏找到通往中国道路的人。无独有偶，在17世纪初又有一部类似于《马可·波罗游记》的《见闻录》在俄国问世了。《见闻录》是本书前面提到的曾于1616年出使明朝的俄国使臣裴特林所撰写。关于裴特林是否曾到过北京，在学者中尚无定论，但这部《见闻录》确实在俄国引起极大的轰动。《见闻录》全称是《中国、腊宾国及其他定居和游牧国家、乌鲁斯、大鄂河、河流和道路的见闻录》，从全名可以看出该书所写的是裴特林的沿途见闻。书中详细地描写了行人摩肩接踵的中国城市，货物一应俱全的中国店铺，装饰精美的京城和金碧辉煌的皇宫宝殿。这些描写不仅证实了马可·波罗的记述，而且对中国的有些记叙比马可·波罗记叙得更为详尽和具体。该书在俄国争相传阅，还被译成多种欧洲文字出版。两部著作产生了不可估量的效应——中国成为吸引俄国上层社会的巨大磁石。因此，到了17世纪，俄国比任何时期更加注意打开前往中国的交通。前面所提到的闯入我国黑龙江地区的俄国"远方来客"，其基本动机之一就是寻找通往中国的道路。

　　当俄国政府通过波雅科夫、哈巴罗夫等武装殖民者探得中国的一些基本情况后，沙皇阿列克塞·米哈依洛维奇于1654年2月正式派出了巴依科夫使团，其使命就是谋求与中国建立正式的通使和通商关系。使团于1654年7月从托博尔斯克出发，溯额尔齐斯河至斋桑湖，经我国蒙古地区，于1656年3月到达北京。由于当时俄国武装入侵者正在黑龙江地区肆虐，巴依科夫在建立中俄通使、通商关系方面未获任何结果，但他开辟了一条从西伯利亚至北京的直达商路，他还带来了5万卢布的毛皮和俄国货物，在北京销售一空，又从北京购回了大批的中国货。这些象征着中俄两国互不通使往来、不能进行直接贸易的时代行将结束，两国建立贸易关系的时代即将开始。巴依科夫使华在中俄经贸关系史上具有重要意义。

1689年中俄《尼布楚条约》的签订，使中俄贸易正式纳入了两国关系的轨道。从此，俄国开始进行有组织的对华贸易活动。《尼布楚条约》规定："自和约已定之日起，凡两国人民持有护照者，俱得过界来往，并许其贸易互市。"照此规定，中俄为私商贸易。因此，从条约签订至1697年中俄贸易主要以私商为主。其贸易形式主要是"京师互市"和边境贸易两种。

 京师互市

《尼布楚条约》甫经签订，俄国政府即为菲拉季耶夫等四家俄国巨商签发了来华贸易证书。他们于1689年12月从尼布楚启程，经额尔古纳河、嫩江至北京，这条路直到18世纪初一直是俄国来华贸易的主要商路。从 1689 年至 1697 年的 9 年中计有 13 支俄国商队抵京，其中随俄国使团前来的商队 7 支，独自前来的 6 支。即使是私人商队也配有俄国政府公职人员为领队，另推举商头，其余为商人、工役和军役人员以及各种实业人员。商队除经商外，还往往负有向清政府投递公函的使命，从而得到清政府的优惠接待。所携带货物主要是皮货：貂皮、狐皮、灰鼠皮、银鼠皮，其他货物为皮革、呢绒、镜子、钟表等物品。贩回的主要是中国丝绸、棉布，其他如珍珠、宝石、金银器皿、生丝、染料、茶叶、烟草、香料等。当首批来自西伯利亚的贵重毛皮在北京出售时，在市场上引起了轰动，很快销售一空。俄货随之剧增，中国货物也被大量运往俄国，贸易发展十分迅速。1697 年俄国对华输出的皮货总值已超过 24 万卢布，超过了俄国对整个中亚的贸易总值。当时 1 卢布 = 0.7 两白银，以白银计算为 16.8 万两白银，这在当时的贸易水平来说，年贸易额已是很大的了。俄商用出售毛皮所得银两，换回大批俄国紧缺的中国丝绸和棉布，转手获得几倍的利润。这种情况令沙皇政府十分眼红，于是对来华商队贸易实行国家垄断。

从 1698 年《恰克图条约》签订前夕，俄国对华贸易以国家商队为主，允许私人参加。清政府规定，俄国商队每 3 年来京一次，商队人数不得超过 200 人。但实际上清政府并未严加限制，例如 1698～1718 年的 20 年间，俄国来华商队达 10 次，每次人数也常常超过 200 人，最多时竟超 800 人。来京路线，从 1705 年起，改走距离较近的库伦—张家口—北京的路线。由于有俄国国库的全力支持，俄国国家商队对华贸易额大增，利润也迅猛增加。例如，1708 年胡佳科夫商队获利高达 27 万卢布。据俄国权威著作《俄国商业史志》的记载："一个商人在莫斯科贷出 1000 卢布或同等价值的皮货，从北京换回的货物在莫斯科可值 6000 卢布。……如果加上商队在北京的食住费用由中国政府津贴，国库不付一文，那么赢利更加可观了。"

早期中俄"京师互市"贸易是不平衡的，俄国在贸易中所得利益远远大于中国。首先，清政府不认为中国有对外贸易的必要，至多是可有可无的东西。自认为中国是天朝大国，物产丰饶，不需求助于外人。因此俄国派了那么多商队来华，清政府没有相应地派往俄国一个商队。其次，清政府对俄贸易受到了传统的厚往而薄来的"贡使"关系的影响。清政府通过两次雅克萨之战认识到俄国也是一个泱泱大国，从未将其看做自己的"藩属"，《尼布楚条约》和《恰克图条约》的签订，说明清政府将俄国看做与中国平等的伙伴。但具体到贸易问题上，除了传统的"贡使"方式外，它没有其他方式可循，因此仍然执行厚往而薄来的政策。最重要的原因是清政府在对俄贸易中并不是追求商业利益，而是追求国家安全利益，通过贸易中给俄国的特殊优惠政策来换取俄国遵守两国签订的条约，以维持边疆局势的安定和边疆人民生命财产的安全。由于以上原因，清政府对俄贸易所做的是赔本买卖。清政府不仅准许俄商贸易免税，而且俄国商队一入境就派员出迎，沿途提供驼马车辆运送货物，至京后提供馆舍栈房，免费食宿，离境时还护送到边境，发给川资。这样的贸易方式，没有任何一个国家能做得出来；而对对方国家而言，没有任何一个国家不抢着干。时间长了，清政府也感到了沉重的负担，1693年康熙帝规定：俄国商队准许隔三年来京贸易一次，一次不得超过 200 人，路上自备驼马和旅费，一切货物免税，犯禁之物不准出售，到京后住俄罗斯馆，不再支付食宿费用，限 80 天回国。就条文规定，除贸易免税的优惠外，其他优惠全免除了。但实际上这条规定没有执行。因为俄国对华贸易所追求的不仅仅是商业利益，还有政治、军事等全方位的利益。每个俄国商队都由公职人员领队，而且负有向清政府投递文书等使命，因此直到《恰克图条约》签订之前，清政府都是以接待贡使团的规格接待俄国商队。

 齐齐哈尔互市和库伦互市

齐齐哈尔互市 中俄齐齐哈尔贸易是中俄"京师互市"的衍生物。齐齐哈尔又名卜魁，在《尼布楚条约》签订之前原是居民村，《尼布楚条约》签订后，尼布楚城为俄国领有，成为俄国的军事重镇。清政府于是在齐齐哈尔设 1000 名披甲兵，派副都统级官员镇守，它就成为与尼布楚相对应的中国边陲重镇。1699年，它成为黑龙江将军衙门的所在地。俄国来北京贸易的商队途经此地，便留下一批商人和军役人员并大批货物，就地进行贸易，兼管看养驼马车辆，待赴北京的商队归来时一同回国。此外，按《尼布楚条约》中俄边境互市规定，中俄边民原在额尔古纳河沿岸互市，但因无重要城镇为依托，贸易地点很难固定，于是贸易中心慢慢地转到了齐齐哈尔。每年秋天，大批俄国商人携带货物从尼布楚城出发，至齐齐哈尔进行贸易者络绎不绝。1710年中俄京师互市逐渐萧条，又成为齐齐哈尔贸易兴盛的重要因素。仅以1723～1727年4年间为例，来齐齐哈尔的俄国商队就达12支之多，商队多则二三十人，少则三五人。其中许多是从尼布楚来递送公文和押解逃犯的公职人员，他们以变卖盘缠为名，携带大批货物，例如1727年里万泰商队带来了"马240匹、牛60头、灰鼠皮1000张、银鼠皮100张、狐皮10张、狼皮12张、染色牛皮30张、獭皮2000张、獭皮祆子15件、羊皮100张、猩猩毡6块、镜子7面"，由此可见俄商队所带货物之多和齐齐哈尔贸易的盛况。贸易货币是俄国的卢布和中国的白银。白银尤其为俄方欢迎，因为当时它是国际贸易通用的硬通货。中方输往俄方的货物仍以传统的丝棉纺织品为主，以及药材、烟草、姜、椒、糖饴等货物。和京师互市一样，齐齐哈尔方面也未向尼布楚派出自己的商队，以致俄商俄货大量涌来，中方货物不足，以白银补差，造成了双方贸易的不平衡。中俄互市刺激了齐齐哈尔地方经济的发展，齐齐哈尔从一个小村发展成为店铺林立、百货齐全、商贾云集的市镇。

库伦互市 库伦（今蒙古国首都乌兰巴托）地处

喀尔喀蒙古土谢图汗境内的土拉河畔，与北方的俄国重镇色楞格斯克有水路相通，从 1705 年起成为俄国来华商队的必经之地；这里又是蒙古喇嘛教教主哲布尊丹巴呼图克图的坐床地，是中国漠北蒙古的宗教、政治、经济中心，这些条件使库伦成为中俄边贸的理想地点。俄国商队需要 5 个月才能抵达尼布楚，而到色楞格斯克只需要 70 天的路程。这样，经色楞格斯克—库伦—张家口—北京就成为俄国商队最便捷的路线。此路经中俄政府分别批准后，就成为俄国商队的最佳路线，经尼布楚—齐齐哈尔—北京的商路就无人问津了。因此，中俄边贸重镇也从齐齐哈尔转移到库伦。从 1706 年起，俄国政府决定禁止私人商队赴北京贸易，又逼迫私商涌入库伦。他们从色楞格河上溯鄂尔浑河，再转入土拉河，行程只需 10～12 天，而且运费低廉，库伦俄国货要比北京便宜得多。中国内地私商趋利而至，他们运载大批金银、丝绸、棉布、瓷器、茶叶、烟草等货物来此贸易，极受俄商欢迎，一般只需要两三天的时间即可完成一次贸易流程。库伦的贸易额很快超过了"京师互市"的贸易额。至 18 世纪 20 年代初，平常年份，每年有 200 余名俄国私商抵达库伦，一些大商号还往库伦派了常驻贸易代理人；一些俄国巨商也派员参加库伦互市，他们每人每年要做二三十万卢布的买卖。

库伦贸易的兴隆严重地打击了俄国国家商队的"京师互市"贸易。库伦俄货又多又便宜；中国商人转运到北京的俄货，也比俄国商人直接带来的货物便宜得多，以致北京商人对俄国商队出售的皮货"连看都不看"。

清政府为加强对库伦贸易的管理，于1720年派出监视官一员，会同土谢图汗管理市面，两年更换一次。监视官负责查验俄商护照，审核人数，发放执照，缉查不法俄商以及办理出入境事宜，使库伦互市逐步走向正规化。

由于当时中俄中段边界尚未划定，俄方不断制造边境事端，清政府决定将来库伦贸易的俄商每批限定为30人。1722年因俄国支持准噶尔部的民族分裂活动，清政府驱逐库伦俄商出境，库伦互市从此衰败下去。中俄互市贸易的中心又转到了恰克图。

 3 恰克图早期贸易

据《恰克图条约》，第4条规定，除俄国国家商队每间隔3年到北京一次外，双方在"恰克图选择适当地点建盖房屋"，作为贸易市场，进行零星贸易，中俄双方于1728年下半年各自在恰克图建造市场。恰克图位于色楞格河东岸，南距库伦800里，属土谢图汗辖境，按《恰克图条约》，恰克图旧市街被划入俄境，中国另建新城，仍称恰克图。《恰克图条约》签字的第二天，中俄双方代表即在恰克图建跨境市场的地方设立标记，随即开始施工。1728年9月俄方市圈建成，称恰克图；中方也相应地建立起一座木城，也称恰克图，但商人习惯称其为"买卖城"。于是形成了地跨中俄边境的贸易市场。

为加强市场的管理，中俄双方各派兵 30 名由同等级别军官带领，维持市场秩序。中方在自己的市场内派驻监视官一员，中国首任监视大员为侍郎纳颜泰和郎中绰尔多；俄方首任监视官为特列季亚科夫。

1728 年 9 月 5 日，恰克图市场首次开市，参加交易的中国有 4 家商号，俄国有 10 家商号，从此恰克图贸易市场开始了近 200 年之久的中俄边境贸易，恰克图也以其重要贸易地位而驰名中外。

中俄双方都对恰克图贸易进行严格控制。俄方为保证其国家商队"京师互市"的专利，严禁俄商在恰克图经营毛皮生意；清政府对华商实行严格的"照票制度"，对商人横加限制，因此在恰克图开市后的 30 年中，双方贸易额并不大。其中最红火的交易是大黄。俄国用大黄作清火下泻良药和染料佳品，"不可一日无大黄"。因此，俄国政府曾特准俄商以畅销品皮货来恰克图换取大黄，然后经彼得堡向西欧销售，获取巨利。在大黄生意的带动下，从 18 世纪 40 年代起，恰克图贸易逐渐兴盛起来。据俄国海关 1755 年（俄国恰克图海关从这一年开始有详细统计数字）至 1761 年的统计，1755 年俄国输入中国的货物价值为 606084 卢布，中国输往俄国的货物为 230981 卢布，贸易额为 837065 卢布，而 1761 年各为 391469 卢布和 610597 卢布，贸易额增至 1002066 卢布。更为明显的是中国输往俄国的货物总值大大超过了从俄国输入的货物总值。可见俄国增强了对中国商品的依赖性。1760 年俄国外贸总额为 1860 万卢布，其中恰克图贸易额占 7.3%，由此可见，恰克图贸易对俄国来说已处于十分重要的地位。

在 18 世纪后 40 年内，恰克图贸易又得到了飞速发展。1800 年的贸易额为 838 万卢布，相当于 1761 年贸易额的 8 倍。但随着贸易的发展、贸易问题的增加，以及边境事件的不断出现，恰克图贸易进入了调整阶段。

 中国"三次闭关"和
《恰克图市约》的签订

清政府由于俄国拒不引渡准噶尔叛军头目阿睦尔撒纳和俄方单方面擅自征税等原因，宣布第一次闭关（1762 ~ 1768）；因俄商越境走私案，宣布第二次闭关（1778 ~ 1780）；因俄人越境抢劫，俄方不按约对人犯进行惩处，宣布第三次闭关（1785 ~ 1792）。三次闭关，共停恰克图对俄贸易 15 年之久。这种贸易摩擦首先是俄方违约行为引起的，也有中国地方官处置失当所致。如第一次闭关后，俄方同意签订了《恰克图条约补充条款》，确认在两国交界处凡有山地带均以山岭为界，山之阳属中国，山之阴属俄国，恰克图等边境贸易永不征税。《补充条款》签订后边界纠纷大为减少，俄方也不再对恰克图俄商征税，俄货价格立即趋于平稳。1778 年春俄商越境走私案本可从容交涉，但驻库伦办事大臣索琳处事不够冷静，又误把几千边民越入俄境的传闻当做事实，仓促宣布闭关，给中俄商人造成了不应有的损失。对俄方来说闭关损失更大：俄人必需用药大黄来源断绝，俄国国库和商民均不得获利，特别是沿商路两侧和西伯利亚的俄国居民用品匮乏，以供应俄国商队粮秣为生的农户失去了生活的依托。这一切使俄国政府不得不让步，撤换了伊尔库茨克总督，严惩在边境制造事端的俄国罪犯，再次要求清政府准予开市。1792 年清政府驻库伦办事大臣松筠与俄新任伊尔库茨克总督举行会议，双方于 2 月 19 日签署了《恰克图市约》。

《市约》内容主要为：中国准俄方所请，允许恰克图开市；双方货物由双方商人自相定价，各国加强对各自商人的管束，交易不爽约期，即时归结，勿令负欠，致起争端；边界官选贤任能，以逊顺相待；此次通市，一切仍照旧章；两国边民交涉事件，如盗窃、命案，各自就近缉拿，会同边界官审讯，各自治罪，相互行文知照示众。

《市约》使恰克图互市贸易进一步走上正轨。双方严格约束自己的商人，大大减少了"内外商贩互有欺诈"的情况，贸易纠纷也随之消弭。1792 年 5 月 5 日恰克图开市，自此再未出现闭关的情况，恰克图中俄贸易又持续了半个世纪的稳定时期。

 鼎盛时期的恰克图贸易

经过三次闭关和《恰克图市约》的签订，中俄恰克图贸易关系得到调整并稳定了下来，恰克图边境贸易迎来了黄金时期。

中方贸易市圈——买卖城到19世纪上半叶已发展成漠北的商业中心，市场管理井然有序，城市生活富足繁华。在长约190丈、宽110丈的市内，有十字交叉的大街纵横贯穿于市中心，街旁店铺林立，房舍整洁，客商熙来攘往。城周以木为垣，城门上建有雕绘精致的盘龙塔楼，城中心修有金碧辉煌的神庙，还有一座露天戏院。居民主要是来自各地的商人及其夫役，到19世纪中叶，仅商人就达1500人，人数多时约达3000人，商号150多家，其中70家在城内设有自己的店铺，他们除经营自己的货物外，还代销其他商号的商品。市民生活一如内地，又带有边疆城镇和异国风味。每逢年节，市内张灯结彩，戏院好戏连台。来自汉人、蒙古人、布里雅特人和俄罗斯人的不同肤色和操不同语言的客商相互拜访，谈生意，看演出，酒肆茶楼，座无虚席。彻夜不息的灯火使买卖城恰似一颗璀璨的明珠，在寂静的蒙古草原上光芒四射。

与买卖城相对应的俄方的恰克图市圈，也相应地繁荣起来。它以木栅为城，四角建有木堡，城内有教堂、官衙、税局、商店、仓库、营房、客栈，城外还另开辟商业区专供外来商人和手艺人居住。19世纪中叶以前，城内有58家俄国商号，每家交易额每年均在5万卢布以上。恰克图以其商业发达而驰名欧洲，被誉为"草原威尼斯"。

恰克图中俄商人交易，最初曾使用白银。乾隆帝为控制白银外流，于1792年《恰克图市约》中规定彼此以货易货。畅销的中国货除传统的棉布外，茶叶输俄量迅速提高。1762～1785年茶叶仅占经恰克图出口额的15%，1812～1817年仅白毫茶年输出量就达中国货物总值的60%，而到1839～1845年，又上升到91%。俄国输入中国的货物结构也发生了重大变化，俄国呢绒逐渐取代了传统的毛皮。《恰克图市约》签订之前，毛皮占俄国对华商品出口额的85%，1825年下降到只占50%，1854年只占到5%。其他货物，中国还有大黄、瓷器、烟草、折扇、家具等，俄国主要是皮革、铁器、亚麻制品。恰克图贸易额在19世纪上半叶，每年都在1000万卢布以上，其中最高1829年曾达到15607106卢布，中国输俄货物为7803553卢布，俄国输华为7803553卢布（因以货易货，贸易额相等）。

恰克图中俄贸易商品结构的变化和贸易额的增长，说明这个时期两国商品都大量地进入了两国寻常百姓之家，两国人民对对方商品的需求已是平常之事，再不被看做奢侈品了。穿中国棉布、饮用中国茶叶在俄国成为时尚。俄国著名革命家拉吉舍夫写道："中国布因其价格低廉，不仅在西伯利亚，而且在整个俄国为中等境遇的人们、特别是妇女所用……所有城乡百姓都用它做衬衣，富人是每天都穿，而其他人是喜庆日子才穿。"中国的茶叶更受俄国老百姓的欢迎。据俄文史料记载：西伯利亚居民"在出卖货物时，宁愿要砖茶而不要钱，因为他们确信，在任何地方他都可以用砖茶代替钱用"。同样，俄国货也丰富了中国居民的物质生活，其中特别是呢绒，物美价廉，坚固耐用，深受中国北方居民的喜爱。据英国人记载：在19世纪中叶，"许多华北城市都有数量极大的俄国蓝色厚呢，售价之贱，几不敷成本，过去这种厚呢可能在个别店铺找到100匹，而到1846年，在北方所有大的商业城市中，经常出现数千匹。这种毛呢因为价格低廉，其销售量增长的比例，几与英国棉布一样巨大"。

中俄恰克图贸易，双方平等交易，互通有无，互利互惠。在1844年中国外贸进口额中，俄国占19%，仅次于英国，占第二位；在中国出口总额中俄国占16%，仅居英、美两国之后，占第三位。中国对俄棉布和茶叶的大量出口，促进了种茶业、制茶业和种棉业、纺织业的发展。对俄贸易的兴盛，又促进了京津经张家口至外蒙古一线交通运输业的发达。为加强对中俄贸易的管理，清政府向库伦派驻大员，在恰克图设立监视官并加强沿中俄边境哨卡的管理，政府官员和内地商贾往来京师和恰克图之间，进一步促进了喀尔喀蒙古与内地的联系。因此，这一时期中俄贸易对促进中国经济发展、丰富人民生活、稳定边疆局势都是有好处的。

恰克图互市对俄国来说好处更为明显。互市贸易虽双方各不征税，但中国货进入俄境后，俄国税关却大发其财。在19世纪上半叶，来自恰克图货物的税收占俄国关税总额的15%～20%。俄国学者帕尔申在《外贝加尔地区纪行》一书中说，对俄政府而言，"一个恰克图抵得上三个省"。在恰克图700元的茶叶到下诺夫哥罗德市可卖到 1800 元，由此可以想见恰克图互市给俄商带来多么丰厚的利润！俄国商品在欧洲缺乏竞争力，恰克图互市正好为俄国工业品找到了销路，1847～1851 年，俄国输入中国的工业品占其工业品出口总额的 47.7%。19 世纪 40 年代，在莫斯科一地专门为恰克图互市而生产呢绒的工厂就有 11 家，在 18 世纪末叶，仅伊尔库茨克就有 13 家制革厂。恰克图互市也促进了俄国工商业的发展。

19 世纪上半叶中俄恰克图互市贸易，是中俄经贸史上的辉煌篇章。

六　俄国传教士团与
中俄文化交流

　　早期中俄文化往来主要是通过俄国传教士和两国使臣往来实现的。其中俄国传教士团起了主要作用。

　　在雅克萨战争前后被清军俘虏、招降和主动投诚的俄国军役人员都受到了清政府的优待，被安置在北京定居。其确切人数记载不一，有据可考者，在1685年以前共约100人。清政府将他们编入镶黄旗满洲第四参领第十七佐领，驻地在北京城东北角的胡家圈胡同。他们受到八旗人的同等待遇，由清政府提供住房、衣食和年薪，允许他们和中国人通婚和继续信仰东正教。在俄国史籍中他们被称作"俄罗斯百人队"。为让这批东正教徒进行宗教活动，康熙帝赐给他们一座庙宇。从雅克萨投诚的列昂节夫（又称马克西木）便充当神父，把这座小庙改作东正教的礼拜堂。列昂节夫为活动方便，留起了发辫，模仿中国人的生活习俗，俨然变成了一个"中国人"。他除了在俄国人中，还在俄国人的中国妻子及其亲属中发展教徒。列昂节夫在北京的活动受到了俄国东正教会的重视。俄国托博尔斯克主教于 1695 年给列昂节夫送来教会证书，把上述那个"礼拜堂"正式命名为"圣尼古拉"教堂。这个教堂当时俗称"罗刹庙"，后来称俄罗斯北馆。这就是沙俄在北京建立的第一个东正教堂。后来，中俄关系史上的许多重大事件都与这个教堂有关，我们在下文还会提到。

1711 年康熙帝拟派使团经西伯利亚前往伏尔加河流域，访问土尔扈特部首领阿玉奇。恰遇俄国一个国家商队来京，要求清政府允许俄国另派传教士来接替列昂节夫，并以同意清政府使团过境为交换条件。康熙帝同意了这个要求，中国使团也顺利地实现了对土尔扈特部的访问。于是在 1715 年 5 月，以修士大司祭依腊离宛为首，由 10 人组成的传教士团来到了北京，住在俄罗斯北馆。这就是俄国派遣的第一个"北京传教士团"。

1728 年《恰克图条约》的签订，使俄国正式取得了定期向北京派遣传教士团的权利。按该约第五条规定，自签约之日起，俄国每届可派 4 人来北京传教和 6 名学生来华学习语文。传教士由中国提供食宿。此后，每隔 10 年，俄国派出一个传教士团来京，接替前届传教士团。从第十三届传教士团（1850～1858）起，改为每隔 6 年替换一次。1732 年在北京东交民巷原俄罗斯馆，另建一座东正教堂，命名为"奉献节"教堂，称俄罗斯南馆。此后，俄国传教士团便居住于南馆，仍由清政府负担部分生活费用。

1715～1849 年俄国共向北京派遣了 12 届传教士

团。北京传教士团开始时曾一度受俄国西伯利亚事务
衙门领导，1806年第九届传教士团来华时，俄国外交
部派1名监护官同来，从此，北京俄国传教士的工作
和生活，事无大小都成为俄国外交部关注的对象。
1816年，俄国政府训令在华东正教会，规定该教会的
主要任务不是宗教活动，而是对中国的经济和文化进
行全面研究，并应及时向俄国外交部报告中国政治生
活的重大事件。这样，俄国在北京的传教士团的性质
就起了重大变化，其主要任务已由从事宗教活动转移
到收集中国全面情报方面。俄国传教士团实际上成为
俄国在华的情报站和准外交代理机构。

　　俄国驻北京传教士团根据俄国外交部的指示，广
泛地搜集中国政治、经济、军事、民族、疆域等各种
情报，成为沙俄决策机构制定对华政策，其中包括一
些重大侵华政策的参谋部。传教士团的一些人做了许
多严重损害中国人民利益的事情。例如，第二届俄罗
斯来华学生罗索兴盗窃了一份详细的中国全图，受到
了沙皇政府奖赏，获得了准尉军衔和每年150卢布的
赏金；第十二届传教士团首领佟正笏在北京注意观察
和研究中国政府和社会的动向，并及时向沙皇政府报
告，"俨然以此指导外交部的行动路线"。传教士团还
为沙俄政府培养了一批侵华鹰犬，如逼迫清政府签订
《勘分西北界约记》的俄方首席代表札哈罗夫（杂哈
劳）、在第二次鸦片战争期间猖狂进行特务活动的巴拉
第（卡法罗夫）都是传教士团的成员。俄国传教士团
的特务活动是沙俄侵华活动的一个重要方面。

但是另一方面，俄国派往北京的传教士团也培养了一批卓越的汉学家。俄罗斯人民了解中国人民，了解博大精深的中国文化，也正是通过这批汉学家实现的。

俄国最早的汉学是从西欧传入的。当时西欧的汉学本身就构不成一门学问，再传入俄国就更加有名无实了。彼得一世曾在1700年发布"特谕"，强调俄国在西伯利亚和中国的神职人员应通晓蒙汉语言，借以深入地了解中国的情况。在他的倡导下，于伊尔库茨克城创办了一所蒙文学校，招收25名学生学习蒙文。但是在彼得一世统治时期，俄国对中国的研究并未真正开展起来。

真正谈得上对中国的全面研究，是从《恰克图条约》签订后俄国向中国派遣留学生开始的。到鸦片战争时为止，俄国随传教士团向中国先后派出学生37名（当时任何西方国家都没有取得派学生来华学习的权利）。他们是从俄国语言学院和蒙文学校选拔出来的青年，有语言才能，聪明好学，又得到俄国外交部门的大力支持和鼓励，在他们当中很快成长起来俄国的第一批汉学家。

这批汉学家的起步阶段主要是从事中国汉、满等文典籍的翻译工作。前面提到的罗索兴翻译了图理琛的《异域录》，编译了《中国纺织厂资料》等，还同阿·列昂节夫合译了《八旗通志》；阿·列昂节夫译了《大学》、《中庸》、《大清律例》、《理藩院则例》等书，还编辑了《中国地理手册》。这些译著涉及清朝皇室家族的源流、清政府的组织机构、法律、经济、文化、对外关系和中国地理等各个方面，无疑，为俄国各阶层了解中国的全面情况提供了可靠的资料。

进入 19 世纪，随着俄国政府对华政策的转变，需要从中国得到更多的情报，沙俄政府特别倚重于在华的东正教会，大力推进对华研究；经过半个多世纪的汉学积累，俄国汉学也更加成熟，因此 19 世纪上半叶成为俄国驻北京传教士团的汉学家人才辈出的时代。

这一时期的俄国汉学家首推俾丘林（1777 ~ 1853），他是俄国第九届传教士团的首领，领导传教士团达 14 年之久。他广泛结交清政府权贵和蒙藏等族的上层人物，全面搜集各方面的资料并编著成书，其中关于中国边疆史地和民族的著作有《蒙古史》、《西藏志》、《西藏青海史》、《东土尔克斯坦和准噶尔志》和《中亚诸民族志》等计 11 种。此外，他还翻译了大量中国著作，主要有《四书》及其全部注释，以及被奉为"12 世纪的百科全书"的《三字经》。另一位著名的汉学家是瓦·巴·瓦西里耶夫，于 1840 年随第十二届传教士团来华。他主要研究儒家思想和中国的宗教。其主要著作有《东方的宗教：孔教、佛教和道教》、《佛教教义及其历史和文献》、《回教在中国的传布》，此外，他还将《论语》译成俄文。

19 世纪上半叶俄国驻北京传教士团汉学家的著作奠定了俄国汉学的基础。从此，汉学成为俄国人文科学的一门重要学科，代有学人，经久不衰，直至今天，俄国仍是国际汉学研究居于领先地位的国家之一。俾丘林和瓦西里耶夫等的研究著作是以俄国人的眼光看中国和中国文化，这比单纯的翻译和介绍中国的典籍大大前进了一步，这些著作比译著更易于为俄国各阶层人士所接受。古老而又有灿烂文化的中国引起了俄国人民的浓厚兴趣。这反过来又进一步推动了介绍和翻译中国著作的工作。有关中国历史、哲学、文学的著作像潮水一样被介绍到俄罗斯。截止到1912年，中国的《诗经》、《春秋》、《孟子》、《聊斋志异》、《儒林外史》以及陶潜、李白、杜甫、白居易、欧阳修等人的诗文都有了俄译本，有的书有几种译本，如《论语》就有两种译本。

传教士团的汉学家们除了翻译和研究中国典籍之外，还大量搜集中国典籍并将它们带回俄国。历届俄国传教士团回国都带回大量的汉、蒙、藏文图书和各种文物，例如，俾丘林回国时带回了几吨重的中国书籍，随第十一届传教士团来华的蒙古学家奥·科瓦列夫斯基也带回了大量汉、满、蒙、藏文书籍和文物。1845年应俄国所请，清政府将雍和宫珍藏的佛教经典丹珠尔经800册赠给俄国。同年，俄国通过东正教传教士团留学生带给中国357册图书，作为回报。其内容涉及俄国历史、地理、军事、数学、医学、植物、语言文字、宗教及诗歌门类。这些图书文物的双向交流，无疑是中俄文化交流史上的一件盛事。

还应当提到的是，俄国传教士团来华，还促进了中俄医学交流。从道光元年（1821）起俄国在传教士团中加派随班医生，其中有不少是精于医学又热爱中华文化的大家，如约·帕·沃伊采霍夫斯基和波·叶·基里洛夫就是其中的佼佼者。他们以高超的医术为清王公贵族看病，出入宫门府第，与名流学士交流，渐渐地在当时的上流社会扩大了西方医学的影响。沃伊采霍夫斯基因治愈礼亲王兄弟的瘰疬症，得"长桑妙术"的谢匾，自此名声大振，遂得"长桑"雅号。基里洛夫来华前已获医学博士学位，随第十一届传教士团来华后，即治愈宗室多人，在一年里得"惠济遐方"、"道行中外"两方谢匾。贝勒奕绘是荣亲王永祺的孙儿，其夫人是著名的女词人顾太清，两夫妇是名门显宦，又雅好文学，在当时士大夫中颇有影响。基里洛夫为奕绘治愈疾病，奕绘便以春秋时期秦国名医秦缓的名字相称。于是基里洛夫便起名秦缓，并制成名刺（名片）作为谒见达官显贵的门票。一时宫门府第凡见"秦缓"名刺，无不欢迎。秦缓能讲汉语，颇懂中国礼仪。他精研《老子》，对老庄哲学推崇备至，认为老子思想不仅超过柏拉图，而且康德、谢林也望尘莫及。这些有利条件，使他得以广泛地传播西方医术。像基里洛夫这样的医学家兼汉学家，在其之后，代有传人，如明常（第十二届医生塔塔林诺夫）、赛善（第十三届医生巴齐列夫斯基）等人，不仅在医术方面，而且在俄国对华外交中都显过身手。中国西医主要是清代来华的耶稣会士传播开来，并奠定了后来在全国发展的基础。俄国传教士团的随班医生在这方面也作出了重要贡献。

　　俄国政府通过其驻北京的传教士团中的汉学家对

中国政治、经济、军事、疆域、民族、宗教、意识形态等各方面的研究，对中国的历史和现状、国情和民情有了较为全面和深入的了解。这对它制定对华政策、获取对华权益起了十分重要的作用。这是问题的一个方面。但另一个方面，也正是汉学家们起到了沟通中国与俄国文化交流和两国人民相互理解的桥梁作用。俄国各阶层人民，特别是俄国进步的知识界也正是通过上述汉学家的译著和研究著作了解了中国和中国人民。他们知道中国是他们的伟大邻居，它幅员广大、物产丰饶、文化悠久，是一个值得尊敬的伟大国家；他们知道中华民族是勤劳、勇敢、智慧的民族，非常值得尊敬与同情。特别应当指出的是，一些汉学家本人就是中国人民的朋友、中俄友谊的倡导者。例如，已提到的瓦西里耶夫，他对俄国侵占中国伊犁地区表示不满，在他的报告中主张，俄国应当放弃伊犁，同中国缔结友好条约，他说，俄中两国"不但应和平共处，而且要成为友好邻邦"。越到垂暮之年，他越对中国充满信心，他反复表示，"中国人民多达五亿六千万之众，其勤劳和操守为世所罕见。怎能不让中华民族强盛起来，怎能不相信中华民族能够强盛起来！"汉学家们的杰出贡献，促进了中俄两大民族的相互了解。

相比之下，中国对俄国文化的引进和研究就显得非常有限了。中国没有向俄国派遣过与俄国传教士团相对应的宗教团体，没有向俄国派遣过学生，没有派遣过一个商队。从17世纪初至19世纪中叶的250年间，俄国共向中国派出了18个各种规格的使团，而中国只回派过 4 个。这 4 个使团又没有一个进入俄国的首都！这样，中国对俄国的了解，除《异域录》所提供的一些新奇可靠的知识外，主要是从俄国驻华传教士和俄国使臣的口中打听到的远非全部真实的情况。至于对俄罗斯文化的引进和研究就更谈不上了。

图理琛撰写的《异域录》是这一时期唯一一部中国人写的关于俄罗斯情况的书。1712 年，流落于俄国伏尔加河草原的蒙古土尔扈特部首领阿玉奇派出的萨穆坦使团到达北京，向康熙帝奉表纳贡。康熙帝为阿玉奇汗的诚意所感动，组建了以太子侍读殷扎纳为首的使团，随同萨穆坦一行赴伏尔加河对阿玉奇汗回访。图理琛曾任内阁侍读，通晓蒙、满、汉文，还略懂俄语，他主动要求参加殷扎纳使团，获康熙帝批准，遂成为使团成员之一。因《异域录》被译成西方多种文字，使团驰名中外，故这个使团又被人们称为"图理琛使团"。1712 年 6 月使团从北京启程，出张家口，经外蒙古，抵色楞格斯克进入俄国西伯利亚，在托博尔斯克滞留 5 个月之久，折回色楞格斯克。1713 年 2 月，使团从色楞格斯克启程，经伊尔库茨克、叶尼塞斯克、新西伯利亚、喀山、萨拉托夫等地，至 1714 年 6 月 17 日始抵目的地阿玉奇汗驻地——马奴托海。完成出使任务后，使团于 1715 年 4 月返回北京。《异域录》就是图理琛撰写的此次出使报告。书中除了记述会见阿玉奇的详细经过外，还着重记述了使团所经各地山川、地理、村镇、城市、民族、风土、人情等各方面的情况，并附以地图。该书以地理为纲，附以月日，所记

"皆为自古舆记所不载，亦自古使者所未经"，是一部有很高学术价值的讲述俄国地理的著作。此书出版之前，有关俄国西伯利亚如伏尔加河流域的情况，多为辗转传言，虚讹者多，翔实者少。图理琛利用他在俄国逗留近三年的时间，通过实地采访，广收资料，写成了一部关于中国最大的邻国——俄罗斯的地理和民情的著作。该书印行后，很快就受到中外学者好评。一位法国历史学家评论说："历史学家图理琛以中国人特有的精细和其他恪尽职责所必要的品质……巧妙地完成了他所肩负的了解舆地情况的特殊使命。他所绘制的地图，有时在准确性方面甚至胜过西欧的地图。"《异域录》使国内人士得以闻所未闻，大开眼界，增进了对俄国国情的了解，同时也增强了清政府在对俄交涉中的应变能力。只可惜，清朝统治者沉浸于"天朝大国"优越感的自我陶醉之中，并未感到有了解对方、学习对方的必要，错过了了解俄国、研究俄国的机会，使《异域录》的问世成为个别的偶然现象。假如清政府援俄之例，派人常驻俄国，中国也会成长起来一批俄国学家，中国也会对俄国有深入的了解，19世纪下半叶中国对俄外交将是另外一种局面了。

七 趁火打劫的产物

——中俄《瑷珲条约》与《北京条约》

19 世纪中期，中俄两国社会都发生了巨大的变化。1840 年的鸦片战争打开了中国的门户，从此中国开始逐步沦为半殖民地半封建社会，成为西方列强宰割的对象。

而同一时期，沙皇俄国的农奴制度进入了晚期，以农民为主体的反封建斗争此起彼伏，俄国贵族农奴主阶级为转移国内矛盾，扩大统治范围，力图加紧对外扩张。与此同时，俄国资本主义也在封建社会内部孕育成熟，近代工业得到了较大发展。但因俄国资本主义发展较晚，无力与西欧资本主义竞争；国内农奴制残余继续存在，又严重地束缚了国内市场的发展，新兴的资产阶级强烈要求征服殖民地，以满足对市场和原料产地的要求。这样，老封建农奴主阶级和后起的资产阶级都疯狂推动沙皇政府对外扩张，使沙皇俄国的侵略性空前增长。作为其近邻的地大物博的中国就成为它宰割的对象。由《尼布楚条约》确定的中俄平等关系很快就被打破了，中俄关系变成了沙皇俄国对中国实行侵略、压迫和剥削的关系。这种关系的确定是通过逼签中俄《瑷珲条约》、《天津条约》、《北京条约》和《勘分西北界约记》等一系列的不平等条约实现的。

沙俄对黑龙江左岸的武装占领与 中俄《瑷珲条约》

对中国通过雅克萨战争和《尼布楚条约》收复的黑龙江以北、外兴安岭以南的大片领土，历届沙皇政府未曾忘怀。但由于当时的清政府尚有自卫能力，俄国统治者不敢轻举妄动。鸦片战争以后，中国自卫能力丧失，沙俄侵略者立即将侵略的矛头指向这一地区。

1847 年沙皇尼古拉一世任命尼·尼·穆拉维约夫为东西伯利亚总督，这是沙俄侵略中国黑龙江地区的决定性步骤。穆拉维约夫出身于俄国贵族官僚家庭，其父曾任御前大臣、枢密官。他在贵族士官生学校毕业后，到军队服役，曾参加了 1828～1829 年对土耳其的战争和 1830～1831 年对波兰人民革命的血腥镇压，随后又参加了屠杀高加索人民的远征，成为沙皇殖民政策的坚决执行者。为此他深得沙皇的宠信，于 1846 年被任命为图拉市卫戍司令和图拉省省长。1847 年 9 月，尼古拉一世出巡途经图拉，亲自提他为东西伯利亚总督，在面授侵华机宜之后特别关照说："至于俄国的黑龙江，以后再谈吧！""会听话的人，用不着多说。"尼古拉故意将中国的内河黑龙江说成是"俄国的"，就是强烈地暗示穆拉维约夫一定要把它夺到手，他的一切侵华行动都会得到充分的支持。

1848年3月，穆拉维约夫到伊尔库茨克走马上任，立即将解决"黑龙江问题"作为其"在西伯利亚活动中高于一切的问题"，很快地向沙皇政府提出了一整套侵略黑龙江地区的方针和策略。他一再强调，占领黑龙江对俄国具有重大的战略意义："谁能占有黑龙江左岸和黑龙江，谁就能占据西伯利亚"，俄国只有占有黑龙江"才能保卫堪察加和鄂霍次克海，使其永属俄国版图"，而且对俄分享西太平洋的"国际利益问题也具有很大的意义"；在经济上，黑龙江是俄国的"生命线"，"西伯利亚产品的真正出路、东西伯利亚未来的福祉"全赖打开黑龙江通向太平洋的"交通孔道"。在侵华策略上，穆拉维约夫主张利用清政府面临的民族危机和日益激化的阶级矛盾。当时，英国横行于中国东南沿海地区，太平天国革命运动正如火如荼。恰在此时，道光帝去世，咸丰帝年仅18岁，继位未稳。穆拉维约夫向尼古拉一世献策，利用中国内忧外患、清帝国极度困难的时机一举占有黑龙江。穆拉维约夫在赴任前晋见沙皇时取得了"把一切必要的情况都直言不讳地直接上奏"的特权，他的以上侵华方针和策略都得到了尼古拉一世的批准。

穆拉维约夫积极作侵略黑龙江的准备，派人侦察中国沿边和黑龙江一带的情况，储备军粮和筹措侵华军费，最重要的一项是组建了一支庞大的外贝加尔哥萨克军。至1851年6月，该军组建完成，总兵力近5

万人，内有战斗部队 1.7 万人。另据他的建议，俄国在太平洋大办海军，经沙皇批准将鄂霍次克和堪察加的全部舰只组成西伯利亚区舰队，划归穆拉维约夫管辖。另一沙俄扩张主义分子海军大尉涅维尔斯科依受命于 1849～1853 年指挥俄军舰 "贝加尔" 号侵入中国库页岛和黑龙江口水域，完成了对中国黑龙江口附近海域和陆地的 "考察"。尼古拉一世指示穆拉维约夫说，如中国不答应俄国的全部要求，"可以武力迫其就范"。

1854 年 5 月，穆拉维约夫正式下达入侵黑龙江的命令，亲率 "远征军" 近千名，携带火炮、枪支、弹药，分乘 70 余只船筏从石勒喀河顺流而下。黑龙江副都统胡逊布阻止俄船通行。当时瑷珲没有战船和水师，无力阻住俄军，穆拉维约夫遂强行通过瑷珲，至黑龙江江口一带的阔吞屯、庙街、克默尔湾一带，占据村屯，实行野蛮的军事占领。1855 年 5 月，穆拉维约夫第二次下令武装强行通过黑龙江，这次运送哥萨克兵 3000 人和 481 名武装移民。至这年冬天，俄国在阔吞屯至庙街长达 300 多公里的地带强行建立起第一批哥萨克 "移民点"，集聚在该地的俄国侵略者已多达 7000 余人。这样，沙俄基本上实现了对黑龙江下游地区的非法占领。

武力侵占与 "和平谈判" 是沙俄对外扩张中交互使用的两手。早在 1853 年正当穆拉维约夫准备大规模入侵黑龙江的前夕，沙俄外交大臣涅谢尔罗迭就指示外交部，以枢密院的名义行照中国理藩院，说中俄东段边界中国立有界牌，而俄国尚未设立，要求清政府派员与俄东西伯利亚总督商办设立界牌事宜，并在无界之近海一带地方设立界牌。理藩院以为俄方确认《尼布楚条约》所规定中俄东段边界，仅要求解决乌第河未定界地区的分界问题，便决定接受俄国之请，准备与俄谈判，并把这一意向通知了穆拉维约夫。

但穆拉维约夫对上述涅谢尔罗迭的谈判方针十分不满。他主张集中全力抢占黑龙江的土地，然后再进行谈判，因此对举行中俄谈判的态度非常冷淡。他依照既定方针，武装航行黑龙江，强占黑龙江下游的土地。但中国方面对穆拉维约夫的意图毫无所知。1854年5月吉林边界委员、协领富尼扬阿一行奉命从三姓出发，到拉哈苏苏（同江），往晤强行闯入黑龙江的穆拉维约夫。但穆拉维约夫早已过境，富尼扬阿又兼程赶到阔吞屯，但穆拉维约夫拒绝会见。几经文照往还，双方决定于1855年6月在格尔必齐河会同商定"安设界碑"之事。

1855年5月中方委员富尼扬阿等前往格尔必齐河，途中正遇到穆拉维约夫乘船沿黑龙江东下。穆拉维约夫声称，原定在格尔必齐河的谈判不能举行，需他到黑龙江口再行商议。于是中方委员又屈从了穆拉维约夫的要求，折返黑龙江口。6月，穆拉维约夫还在黑龙江上向下航行的时候，接到了新即位的亚历山大二世的谕旨，责成穆拉维约夫与中国举行谈判，让他做到"必须坚决地使整个黑龙江左岸属俄国所有"。于是穆拉维约夫进一步坚定了索取中国黑龙江以北大片领土的决心。

9月20日，富尼扬阿一行抵达阔吞屯。穆拉维约夫托病不见，于9月22日派人向富尼扬阿提出一份《划界意见书》。《意见书》要求：①俄国在黑龙江口占据的一切地方以及整个沿海地区应永归俄国所有；②在黑龙江左岸设立俄国居民点，把黑龙江作为中俄天然界河。9月23日，穆拉维约夫出席谈判，蛮横地提出，为支付俄军占领黑龙江下游的军费，中国应将整个黑龙江左岸和邻近沿海地区划归俄国，以黑龙江和乌苏里江作为中俄两国的边界。富尼扬阿等援引《尼布楚条约》以及1853年俄国枢密院致理藩院的照会，予以严词拒绝。他严正指出：中俄两国东部自外兴安岭至海为界，山之阳地面属中国，山之阴地面为俄国所属。黑龙江左岸土地为中国鄂伦春、赫哲、费雅喀人等的居住地，而且久已居住于此，断不能让与俄国。穆拉维约夫无词以对，不得不承认精奇里江、西林木迪河、牛满河等"系大清帝国地方"，但仍然无理要将这些土地割让给俄国。于是谈判无法进行。这就是作为瑷珲谈判序幕的中俄阔吞屯谈判。

咸丰帝得知俄国要求后，指示吉林将军景淳，黑龙江左岸为"我国所属之地"，不能割给俄国，并命令他向俄国政府提出抗议。于是景淳与黑龙江将军和库伦办事大臣会衔行文俄国枢密院，严厉地谴责了穆拉维约夫侵占阔吞屯等地违反《尼布楚条约》的行径，驳斥了沙俄欲强占黑龙江以北的中国土地的无理要求，并要求俄国政府饬令穆拉维约夫按 1853 年俄方照会精神，于近海未划界地方迅速立界。

阔吞屯谈判，沙俄明请划界、暗图侵疆的侵略面目已暴露无遗。在外敌当前，咸丰帝不但不加强防御措施，反而继续抽调东北边防的兵力入关镇压太平天国。景淳向京城告急，要求撤回 2000 军队以加强防守。咸丰帝竟然驳斥景淳："从来抚驭外邦，惟有设法羁縻，善为开导，断无轻率用兵之理。"咸丰帝对人民凶如虎狼，对外敌怯如羔羊，国家失地千里的命运就注定了。

1856 年 3 月，沙俄在克里米亚战争中失败，沙俄政府立即采取"失之西方，取之东方"的政策，把侵略的主要矛头转向中国。同年 10 月，英法挑起第二次鸦片战争，被太平军打得焦头烂额的清政府犹如雪上加霜，在北疆更加无力对付沙俄。沙皇俄国密切注视中国局势的发展，它清楚地知道，英法的侵华战争给它带来了坐收渔人之利的机会。穆拉维约夫趁机加紧了侵略黑龙江地区的活动，把侵略范围扩大到黑龙江的中、上游。他在黑龙江中游强行建立了呼玛哨所（呼玛河口对岸）、结雅哨所（海兰泡地方）等 4 个哨所，将新占的黑龙江左岸上、中游的土地和已经占领的下游的土地联为一片，并分别设置两个军分区，将上述土地划归外贝加尔驻军司令和滨海地区驻军司令管辖。

清政府对沙俄上述侵略行径，曾多次提出抗议。1857 年 6 月瑷珲副都统魁福曾派员前往海兰泡交涉，对俄军的行径提出质问，要求其撤回。同年 7 月 31 日黑龙江将军奕山命令呼伦贝尔总管吉拉明阿携带抗议照会，前往海兰泡约见穆拉维约夫，严正指出俄军在海兰泡强占中国土地，要求俄方尽快将其"人船撤回"。8 月 24 日，清政府理藩院又分别照会俄国枢密院和穆拉维约夫，强烈要求俄方遵守《尼布楚条约》，撤出海兰泡地方和阔吞屯地区。9 月和 11 月，又两次向俄国枢密院发出照会，提出同样的要求。但沙俄一律置之不理。

1857 年 12 月，英法联军攻占广州，第二年从海路北上，4 月英法兵船闯入白河口外拦江沙，天津危机。穆拉维约夫认为时机已到，于 5 月 8 日率俄军舰队驶抵瑷珲城下，逼清政府在他的炮口下进行谈判。

5 月 23 日双方在瑷珲开始谈判，中方代表为奕山、吉拉明阿和爱绅泰，俄方为穆拉维约夫和俄国外交部官员彼罗夫斯基等。穆拉维约夫以"助华防英"为借口，向中国提出大片领土要求。他说：中英正在交战，英国很可能提出占领黑龙江口等地区的要求，只有中俄订约将上述土地划归俄国所有，才能遏止英国的侵犯；为了双方的利益，中俄必须以黑龙江和乌苏里江为界。说罢，他便将俄方非法绘制的分界图掷给奕山。穆拉维约夫明明是乘清政府之危，进行敲诈勒索，却堂而皇之打出防英的旗号，这是骗不了任何人的。奕山驳斥说：《尼布楚条约》已划定了两国边界，100 余年来无从更改。两国未分界址的地区仅乌第河一处。要说防英，现在英国在中国东南沿海侵扰，对俄国西伯利亚等地区岂不是更加安全！谈判进行 4 个小时没有结果。穆拉维约夫将俄方拟定的条约草案交给奕山，限第二天答复。

草案共六条，主要内容为：两国以黑龙江和乌苏里江为界；两国界河上只准中俄两国船舶航行；中国开放的通商口岸，俄国与各国享有同等权利；黑龙江左岸中国居民，限三年内迁往右岸。草案的内容是彻底撕毁《尼布楚条约》，俄国非法占领黑龙江以北地区，进而要求吞并中国乌苏里江以东地区。

5 月 24 日，谈判在俄船上进行。中方代表爱绅泰断然拒绝了俄方的无理要求。第二天谈判继续进行。俄方删去以乌苏里江划界的字样，并将限期迁居中国黑龙江北岸居民一款，改为黑龙江左岸，北自精奇里河，南至霍尔莫勒金屯（即江东六十四屯），"其中旧居屯户仍令照常安居"。爱绅泰仍未屈服。于是穆拉维约夫亲自出马。

5 月 26 日，穆拉维约夫来到瑷珲，以最后通牒方式逼奕山立即签字。奕山据《尼布楚条约》和历史事实拒绝俄方的无理要求：黑龙江流域和乌苏里地区居民一直向清政府纳税，中国在上述地区设有哨所，实行有效的管辖，乌苏里江至海一带本是当今皇室的故土，怎么能割给俄国呢；如果说俄国出于"保卫"这些地方"不受外国人的侵犯"，那么，"中国人为了同样的目的要去尼布楚地区，俄国政府是否允许他们渡过额尔古纳河去驱逐外夷？"穆拉维约夫被驳得理屈词穷，便决定借助武力威胁。

穆拉维约夫回到俄船，于当天夜在黑龙江左岸鸣炮示威，兵船号火通明，"势在有意寻衅"。

在俄国枪炮声的恫吓下，奕山终于可耻地屈服，于5月27日派爱绅泰登上俄船，表示愿接受俄方一切条件，只是要求条约中删去"以乌苏里江为界"字样。5月28日，奕山与穆拉维约夫签订了不平等的中俄《瑷珲条约》。

中俄《瑷珲条约》的主要内容为：由额尔古纳河至松花江海口，左岸为俄国属地，右岸为中国属地。乌苏里江至海的土地由中俄共管。黑龙江、松花江、乌苏里江只准中俄两国行船。黑龙江左岸，由精奇里河以南至霍尔莫勒金屯原住之中国居民，照准其永久居住，仍由中国官员管辖。

根据这个条约，沙俄割去了中国黑龙江以北、外兴安岭以南60多万平方公里的土地，仅规定江东六十四屯仍由中国人民"永久居住"；又将乌苏里江以东约40万平方公里的土地划为中俄"共管"，实际上只是沙俄正式吞并这一地区的过渡步骤；俄国在黑龙江、乌苏里江享有航行权，从而夺取了经黑龙江前往太平洋的通路。这样，沙俄通过《瑷珲条约》彻底地废除了中俄两国庄严缔结的《尼布楚条约》，使中国蒙受了在近代史上最大的领土损失和严重的主权损失。《瑷珲条约》的签订，标志着19世纪中叶后中国北部边疆危机的到来和列强割地狂潮的开始。

《瑷珲条约》的签订使沙俄统治集团欣喜若狂。穆拉维约夫为庆祝条约的签订，将海兰泡改为"报喜城"——布拉戈维申斯克。海兰泡这个中国村庄后来就成为俄国阿穆尔州的首府。

 2　沙俄侵占乌苏里江以东地区与中俄《北京条约》

《瑷珲条约》墨迹未干，穆拉维约夫就迫不及待地提出："我们必须立即控制我国同中国共管的一切地方"，"我们想干什么就干什么，愿意在哪里划界就在哪里划界"！正是在这肆无忌惮的侵略欲望的支配下，沙俄在《瑷珲条约》签订后的两年，又实现了对乌苏里江以东中国领土的武装占领。

1858 年 6 月，穆拉维约夫率兵船驶抵黑龙江与乌苏里江汇合处伯力，将其改名为哈巴罗夫卡（今俄罗斯哈巴罗夫斯克），以纪念前文提到的于 17 世纪中叶侵略中国黑龙江地区的沙俄殖民者哈巴罗夫。随后他率船队驶入乌苏里江，大肆抢占乌苏里江以东的土地，在这一地区先后强行建立了卡尔萨科夫村、卡扎凯维奇村、涅维尔克依村等军人村屯。1859 年沙俄武装移民又在乌苏里江以东地区建立了布谢村、上米哈依洛夫村、下米哈依洛夫村、伯爵村、亲王村等 12 个村庄。至 1859 年秋，俄兵哨所和村屯从陆路一直设到兴凯湖。

与此同时，穆拉维约夫亲率舰队抢占乌苏里江地区南部的重要港湾。他于 1859 年 6 月中旬从庙街出发，经克默尔湾、果尔涅特角，抵达图们江口，将这一线长达 120 海里海湾命名为大彼得湾。另一支从庙街出发的俄国舰队,于 1860 年 6 月侵占了海参崴,并将其改名为符拉迪沃斯托克(俄名符拉迪沃斯托克意为"控制东方")。至此,沙俄在北起黑龙江口、南至图们江口附近、西沿乌苏里江强行建立了一系列军事据点和出海口,实际上完成了对中国乌苏里江以东地区的武装占领。

对沙俄非法侵占中国土地的行为,中国政府及黑龙江和吉林地方当局曾多次提出强烈抗议。理藩院和军机处分别于 1859 年 4 月与 6 月照会俄国政府,严正指出乌苏里地方系中国吉林将军辖地,并不与俄国连界,"岂应复思侵占?"瑷珲副都统爱绅泰还亲赴海兰泡质问穆拉维约夫,为什么强占中国乌苏里江以东的土地,并强烈要求将俄军撤走。穆拉维约夫断然拒绝说:"非用枪炮,断不迁移",并进一步要求中国撤除乌苏里江以东的卡伦。面对沙俄侵略者的武装侵略,只有用武力加以驱逐,才能保卫国家领土主权的完整,这是再明显不过的道理。但是腐败无能的清政府当时一心集中全力扑灭太平军,再不想派拨军队保卫国家的边疆,因此使沙俄侵略者步步得逞。乌苏里江以东的大片领土正像黑龙江以北的领土一样,很快遭到被沙俄霸占的厄运。

进入 1860 年,中国面临的形势更加险恶。英法两国为掠夺中国更多的权益,决定发动新的对华战争。1860 年春,英军 1.8 万余人,法军 7000 余人陆续到达中国。新的更大规模的侵华战争一触即发。这种严峻情况又给沙俄送来了趁机勒索的时机。

英国专使额尔金、法国专使葛罗到达中国之前，俄国全权代表伊格纳切夫利用他先期到达中国的有利条件，广泛搜集中国政治军事情报，确定了利用英法武力，借以勒索中国最大利益的方针。

为勾结英法联军，伊格纳切夫于6月下旬到达上海，向英法代表表示俄国愿向英法联军提供"外交上的援助"，并劝告英法要与俄国结成"休戚与共"的关系，才能使中国屈服。当葛罗和额尔金到达上海后，他即将关于白河下游清军防务和北京城防的详细军事情报转告了他们，充当了英法联军进攻北京的顾问，极力唆使英法联军北上，扩大侵华战争。

7月英法联军的舰队齐集大沽口外。伊格纳切夫密告英法联军北塘空虚，劝联军从北塘进军。按俄人指引，英法舰队开到北塘河口，未遇抵抗便占领了北塘。接着又占领了塘沽和大沽，于8月24日进入天津。8月31日，清政府派出钦差大臣在天津开始与英法谈判。

伊格纳切夫唆使联军北上，就是想借机充当清政府与英法之间"调停人"的角色。清政府与英法进行直接谈判，使他大为不安，唯恐谈判成功后，清政府拒绝《瑷珲条约》。于是他致书清政府，表示愿意从中斡旋。在同伊格纳切夫打交道的过程中，清政府深知其人勾结英法、播弄是非，"最为可恶"，因而拒绝了他的要求。伊格纳切夫未遂心愿，于是又煽动英法进攻北京，还把俄国人私自绘制的北京平面图和从北塘至北京的路线图送给法军司令阅看，从此英法联军经常就各种军事和政治问题征询伊格纳切夫的意见。

9月上旬英法联军从天津出发，向北京进犯。9月22日咸丰帝逃往热河，留恭亲王奕䜣为全权大臣在北京与英法议和。伊格纳切夫再次向英法提供机密情报，建议联军进攻防御薄弱的北城，并将北京最好的地图提供给英法，使联军轻易地从北城而入，占领了安定门。这样伊格纳切夫就得到了英、法的完全信任。加之，额尔金和葛罗不了解中国情况，而伊格纳切夫借助于俄国驻北京传教士团提供的大量情报，对中国政治、军事和清政府内部情况了如指掌。于是，伊格纳切夫就成为英法与中国订约的"中间人"。联军占领安定门之后，英法便"恳切地请求"伊格纳切夫协助他们与清政府"缔结和约"。

奕䜣迫于英法的压力，急于投降，不得已去请"最为可恶"的伊格纳切夫从中调停。伊格纳切夫看到奕䜣已走投无路，便大大提高了价码，提出了三个条件：①必须由奕䜣本人以书面方式提出请求；②必须预先将清政府与英法谈判全部内容告知他，征求他的意见；③在领土问题上必须同意他提出的各项要求。被英法联军的炮火吓破了胆的奕䜣，对如此苛刻的条件竟欣然接受。伊格纳切夫便作了双方的"调停人"，对双方上下其手，在谈判中为俄国攫取最大的利益。

10月18日，英法通过伊格纳切夫向清政府转交了最后通牒。伊格纳切夫见奕䜣不肯接受全部条件，便威胁说，如不全部接受，"北京城就会因此而毁灭"，清政府就将"彻底崩溃"。19 日，英法果然火烧圆明园。奕䜣完全屈服，于 1860 年 10 月 24 日和 25 日分别与额尔金、葛罗签订了不平等的中英《北京条约》和中法《北京条约》。

中英、中法《北京条约》签订后，伊格纳切夫立即向奕䜣索取"斡旋"的报酬，要求立即派大员与他谈判。奕䜣不敢违抗，即派尚书瑞常等赴俄罗斯馆谈判。伊格纳切夫要求谈判在极端秘密中进行，以防英法得知任何情况，妨碍他放手勒索。10 月 27 日，伊格纳切夫交给瑞常三个文件：①阐明俄国要求实质的简明纪要；②俄方私自测绘的中俄东界地图；③续约草案 15 条。这些文件都已译为汉文和满文。俄国的要求集中在续约草案内，其中主要内容都包含在随后签订的《北京条约》之内，核心内容是割取中国北部、西部和东部大片领土。伊格纳切夫等人在谈判中穷凶极恶，对他所提要求，"几乎连一个字都不能更改"，否则他就将英法联军召回北京，对中国进行惩罚。奕䜣决定接受伊格纳切夫的勒索，他在上奏咸丰皇帝的奏折中说：英法军队尚未全撤，假设俄使再与他们狼狈为奸，"尤属变生意外"。咸丰答复说："事势至此，不得不委曲将就，免致（俄、英、法）狼狈为奸。"清朝统治者为维持自己岌岌可危的统治，居然将自己国家的千里沃土送给了外寇！

1860 年 11 月 14 日，奕䜣亲赴俄罗斯南馆同伊格纳切夫签订了中俄《北京条约》（又名中俄《续增条约》）。条约有俄、汉两种文本，汉文本系根据俄文本译出。全约计 15 条，其主要内容如下。

（1）中俄东段边界，从石勒喀河和额尔古纳河汇合处，沿黑龙江而下，到该江与乌苏里江汇合处（即黑瞎子岛东北面的伯力城下），黑龙江以北的土地归俄国，以南到乌苏里江口的土地属中国。然后中俄边界从乌苏里江口往南至兴凯湖，边界线顺乌苏里江和松阿察而行，河东之地归俄国，河西之地属中国。边界线又从松阿察河河源跨兴凯湖到白棱河，从该河河口沿着山脊到瑚布图河口，再从此沿珲春河与海之间的诸山到图们江口。此线以东归俄国，以西归中国。在上述划归俄国的地方，如遇有中国人居住之地和渔猎之地，俄国均不得占，仍准中国人留住原地，照常渔猎。

（2）中俄两国未经划定的西部边界，今后应顺山岭的走向、大河的流向及中国常驻卡伦等处而行，即从沙宾达巴哈界起，往西直至斋桑湖，由此往西南到伊塞克湖，南至浩罕边界。

（3）两国派员会勘中俄东段和西段边界，然后交换地图和关于边界线的详细记文。同时应拟定议定书，作为本约的补充条款。

（4）重申俄国在华有领事裁判权，并规定两国边民免税自由贸易。中国增开陆路商埠喀什噶尔，准许俄国在库伦、张家口进行零星贸易，俄国得在库伦、喀什噶尔等处增设领事。

这样，沙俄通过《北京条约》逼迫清政府承认了《瑷珲条约》。1858 年奕山与穆拉维约夫所订《瑷珲条约》，事先并未征得清政府同意，故清政府拒绝予以承认，并下令将奕山治罪。《北京条约》将《瑷珲条约》的内容尽行包括在内，事实上清政府在接受《北京条约》的同时也就承认了《瑷珲条约》。而且，《北京条约》还将《瑷珲条约》规定的乌苏里江以东地区由中俄"共管"的土地，改为划归俄国，从而强行夺去了中国乌苏里江以东约 40 万平方公里的土地。也就是说，依据《北京条约》沙俄共割占了中国 100 万平方公里的土地（含据《瑷珲条约》割占的 60 余万平方公里的土地）。此外，沙俄还通过《北京条约》，把他们擅自拟定的中俄西段边界走向强加给中国，为其后来进一步割取中国西部边疆的大片领土制造了"条约根据"。《北京条约》是造成中国领土损失最为惨重的不平等条约！

沙俄据 1856 年的中俄《天津条约》，同英法一样，取得了上海、宁波、福州、厦门、广州、台南、琼州七口通商权和俄国兵船在以上七口岸的停泊权；片面设领与领事裁判权，以及片面的最惠待遇。《北京条约》又规定中国向俄国开放库伦、喀什噶尔、张家口陆路口岸，俄国在库伦、喀什噶尔增设领事，使俄国进一步得到了英法所未得到的特权。

这样，沙俄通过第二次鸦片战争，不仅独自割取了中国上百万平方公里的领土，而且还攫取了比英法还多的侵华权益。这一切又都是在没费一枪一弹，完全是在"友谊"、"援助"的名义下取得的。这种情况，一方面表明沙俄外交的极其伪善性，表面温和善良、内里凶如蛇蝎的本性；另一方面也表明当时中国清政府在列强的环逼之下无力反抗、不得不借俄国的"帮助"而饮鸩止渴的惨状。当时一位旅居中国叫米琪的英国人写下了一段评论：

> 中国的极端窘困就是俄国的机会。俄国外交的阴险狡诈，从未像这次表现得如此充分。俄国公使（指伊格纳切夫——引者注）一度对陷入困境的中国政府假装温情脉脉，并主动提出在日益迫近的对外战争中给它以间接援助。可是，当他发现中国政府已经丧魂失魄时，就突然猛扑过来，向它提出种种的无耻要求，其中包括将全部满洲（中国东北地区——引者注）海岸和乌苏里江、黑龙江到日本海的大片土地割让给俄国。中国人（指清政府——引者注）无力反抗。为了帮助他们早作决定，俄国公使又"温和地"通知说，如若不从，俄国的报复将比他们正在受到的惩罚更加可怕。于是条约就签订了，俄国胜利了。

这段评论十分中肯。但如果把开头一句带有结论性的话改作"中国的极端窘困就是列强的机会"，这段评论就完全正确了！

八 中俄西北边界的划定

——中俄《勘分西北界约记》与《改订条约》

中国清代西北地区，其地域包括今天的新疆维吾尔自治区和巴尔喀什湖以东、以南一带，古称西域。在平定民族分裂主义者阿睦尔撒纳和大、小和卓的叛乱后，清政府改西域为新疆。这里世代居住着维吾尔、厄鲁特、吉尔吉斯、哈萨克、汉、回等民族，清政府派官治民，实行着有效的管辖。鸦片战争以后，沙俄侵入巴尔喀什湖以东以南地区，逼迫清政府先后签订了《勘分西北界约记》和《改订条约》（《伊犁条约》），割占了中国西北地区的大片领土。

1 沙俄侵占巴尔喀什湖以东以南
地区与《勘分西北界约记》的签订

前文已经提到，1860 年中俄《北京条约》规定，中俄西部边界应顺山岭走向、大河流向以及中国常驻卡伦而行，即从沙宾达巴哈界牌起，向西至斋桑湖，向西南至伊塞克湖，南至浩罕边界。1861 年，沙皇政府任命巴布科夫为分界委员，前往西西伯利亚筹划与中国划界事宜。

但是西部边界问题并非自《北京条约》签订时才出现的，实际上自19世纪20年代沙俄入侵巴尔喀什湖以东、以南地区开始，中俄西部边界问题就已经成为中俄关系的尖锐问题。当时，中国还有一定的自卫能力，沙俄虽未敢发动大规模的进攻，但其哥萨克兵却不断流窜到巴尔喀什湖以东、以南和斋桑湖地区蚕食中国土地。鸦片战争以后，中国海疆危机骤起，门户洞开，清政府穷于应付，顾此失彼，才给沙俄提供了大肆入侵中国西部边疆的时机。俄国西西伯利亚总督哥尔查科夫认为机会已到，决定将俄国的"假定的国界线"推向楚河一带，遂于1846年派军队武装占了科帕尔。科帕尔是中国哈萨克族的游牧地，因准噶尔头人科帕尔曾在该地设游牧点而得名。该地北距阿亚古斯380余公里，南距阿拉木图370余公里，是控制通往喀什噶尔、浩罕、塔什干通道的要地。俄军占领科帕尔后，在这里设官移民，把它建设成为沙俄在巴尔喀什湖以东扩大侵略范围的重要据点。

清政府对沙俄占据科帕尔感到十分震惊，于1849年向俄政府提出抗议，要求入侵俄军"全数撤回"。但因清政府无力采取有力的自卫措施，沙俄军队不但不撤，反而继续扩大侵略活动，把矛头指向伊犁河以南地区。

1853年，俄军从科帕尔出发，窜入阿拉木图河地区侵扰，发现阿拉木图一带林木丰茂，土地肥沃，有沟渠纵横的耕地，还有水草肥美的牧场，是俄国移民久据的好地方。沙皇据报，召开了有西西伯利亚总督和陆军大臣参加的特别会议，决定占领阿拉木图。1854 年 8 月，大批俄军侵入中国伊犁河以南 70 公里的阿拉木图河的上游，强建外伊犁堡，次年更名为维尔内（即今哈萨克斯坦首都阿拉木图）。维尔内堡的建立，切断了中国伊犁驻军定期巡查伊塞克湖（特穆尔图淖尔，今属吉尔吉斯斯坦）盆地的道路，控制了中国南疆与中亚诸汗国交往的重要门户，奠定了俄国"占领外伊犁地区的基础"。这样，沙俄通过武力，将其"假定的国界线"从阿亚古斯推到了伊犁河南岸，中间经科帕尔，到维尔内，在中国境内延伸了 750 多公里。俄军在沿线每隔 20 至 25 俄里设立一个哨所，使之形成了一条新的军事堡垒线。

俄军在维尔内立足后，又把矛头指向楚河上游和伊塞克湖等中国巴尔喀什湖以南地区。1860 年 9 月，俄军出兵 2000 人，大举入侵楚河上游。屯驻维尔内等地的俄军经常开到伊塞克湖以南地区捕捉妇幼，抢劫财物和马群。

这样，实际上在中俄《北京条约》签订之前，沙俄已经完成了对中国巴尔喀什湖以东地区的军事占领，并将触角伸向了巴尔喀什湖以南的伊塞克湖地区。这种形势，为巴布科夫以武力为后盾、大肆勒索中国土地提供了十分有利的条件。

巴布科夫在西西伯利亚总督府任职多年，曾绘制了《外伊犁地区地形图》。但他接任分界委员后，深感俄国对分界地区的地理知识贫乏，所有地形资料都是据询问得来的，超不出推测的范围。为弥补这一不足，他上任第一件事就是组织专门人员对预定的划界区域进行调查，并通过俄国驻塔城领事搜集有关中国政治军事、边疆地理和中方委员的资料。1861年巴布科夫返回彼得堡，将其拟定的划界方案交俄政府审阅。1862年沙皇亚历山大二世亲自主持特别会议，任命巴布科夫为勘分俄中国界的全权委员，并发布了划界训令，责成俄国委员在谈判中要使中方代表"无条件地遵守《北京条约》的规定"进行划界，并歪曲《北京条约》的规定，强调必须把"中国常驻卡伦线"作为划界依据。

俄国在这里强调所谓"中国常驻卡伦线"是别有用心的。《北京条约》的俄文本为以"现有卡伦线"为分界标志，中文本为以"常驻卡伦等处"为划界标志，并没有"常驻卡伦线"之说。俄国政府无中生有地制造出一条"常驻卡伦线"来作为分界依据，就是想利用《北京条约》第二条中俄文本的含混和矛盾之处，勒索中国大片领土。

中国西部地区的"卡伦"亦即哨所，分为常驻卡伦、移设卡伦、添撤卡伦三种。常设卡伦是常年设置不移的卡伦；移设卡伦是按季节不同而移换设置地点的卡伦；添撤卡伦是根据需要随时设置的卡伦。这三种卡伦都是"中国的现有卡伦"。它们绝大多数在国境线以内，有的距边境线达千里之遥，与边界线毫不相干。但一般地讲，常驻卡伦更靠近内地，添撤卡伦更接近边界。沙俄训令以所谓"常驻卡伦线"为划界依据，自然将割取中国更多的土地。

"常驻卡伦线"不仅在事实上，而且在约文内都是子虚乌有。以"常驻卡伦线"为划界依据明明是沙俄精心设计的骗局，但是由于中国委员完全不懂俄文。巴布科夫后来得意地说，他正是利用了这一情况，在谈判中坚持让中方委员在以"常驻卡伦线"划界的前提下来理解《北京条约》。中方委员果然在谈判中没有指出俄文文本与中文文本的矛盾之处，使俄国骗术得逞，割取了北京条约规定之外的大片中国土地。清政府长期以天朝大国自居，不研究外国历史和现状，不培养外语人才，以致失地千里，这是中国近代史上的沉痛教训！

1861年3月，清政府任命乌里雅苏台将军明谊为钦差大臣，前往塔城会同塔尔巴哈台参赞大臣明绪办理勘定中俄西界事宜；并调伊犁协领哈布齐贤为分界委员，命令他们分赴各处界址，核实舆图，以备谈判时作为依据。明谊、哈布齐贤抵塔城后，实地校核《北京条约》有关西部边界走向的规定，认为俄国在中国境内和卡伦内分界，对中国十分不利，遂上奏同治皇帝，强调指出，《北京条约》所规定的边界走向，"并未指明逐段立界地名"，难免沙俄"任意侵占"；伊塞克湖在伊犁界内，斋桑湖又在塔城的三处卡伦以内。若按此条约划界，不仅中国边界被占，恐怕中国原设卡伦也被占去。

当时主持外交事务的恭亲王奕䜣，竟对明谊等提出的问题答复说，如不在"我境内、卡内"立界，俄国又会以条约既定为辞，"不免借端饶舌"，指示明谊等在谈判中一方面要据理剖辩，以免任意侵占；一面又指示"不可徒事纷争，致启边疆之衅"。奕䜣所谓"以免任意侵占"是虚幌子，不可"致启边衅"则是必须要照办的。奕䜣的态度决定了塔城谈判的结局。

1862 年 8 月 3 日，中俄双方在塔尔巴哈台参赞大臣公署举行首次会议。俄方首先出示地图，以红色为限，不论中国边疆为何处，均以常驻卡伦为界，所有卡外之地，尽划归俄国。明谊出示中方地图，以黄线标明中国西域地域：居住于卡外爱古斯、勒布什等地的哈萨克，伊塞克湖、哈喇塔拉等地的哈萨克、布鲁特等族，都是中国的臣民，其"游牧养生之地"，都是中国领土，不能将其割让给俄国。这就是谈判中的"红限"与"黄限"之争。

在后来的几次谈判中，俄方胡搅蛮缠、武力恫吓，坚持以"常驻卡伦线"划界，明谊等据理驳斥，但俄方毫不让步。明谊怕启边衅，提出一个折中方案，主张在乌里雅苏台、科布多、塔尔巴哈台、伊犁四处旧有边界至常住卡伦之间的适中部位划界，以紫线标出（即"紫限"），并制成绘有红、黄、紫三色分界标志的地图一份，呈清政府核示。其中"红限"表示俄方要求的界限，"黄限"表示中国原有边界，"紫限"居二者之间。清政府采纳了明谊的方案，于是中方代表按"紫限"为基准与俄方进行谈判。但俄方坚持"一丝不苟"地按"常驻卡伦"划界，谈判遂于当年 10 月中断。

　　塔城谈判中断不久，于 1862 年冬和 1863 年春，中国陕、甘地区爆发了回民起义，新疆局势动荡不稳，又给俄国送来了意外的机会。于是沙俄政府采取了加强武装挑衅，以"打"逼"谈"的方针。1863 年 3 月，俄国西西伯利亚当局根据沙皇政府的指令，在北起阿尔泰山、南抵天山山脉的中国西部广大地区，作了全面的军事部署，相继设立了"塔城部队"、"斋桑部队"、"喀什噶尔部队"、"伊犁部队"，直逼中国塔城、斋桑湖、伊塞克湖和伊犁等地区的战略要地。入侵俄军强占卡伦，潜立石垒，殴打中国守卡官员，阻止中国正常巡逻，甚至拆毁中国官员所住毡房，逼令中国官兵移居卡内。

　　俄军的暴行激起了守卡官兵和各族人民的坚决反抗。1863 年 6 月，俄军一部进抵伊犁西北博罗胡吉尔卡外，扬言要进攻伊犁城，炮击中国守卡部队。驻卡锡伯、索伦、察哈尔、厄鲁特等营兵丁奋起还击，将敌人击退。6 月底和 7 月初，俄军又两次猛扑博罗胡吉尔卡，清军再次将其击退。俄军接连失败，将矛头指向伊犁西南地区的鄂尔果珠勒卡伦，清军在哈萨克部军民的协助下举行反击，于 7 月和 8 月两次打退敌人的进犯，并俘虏俄军多名。敌人指挥官有的失魂落魄，一病不起，有的"私行潜走出境"。这两个多月的自卫作战说明，只要清政府下定抵抗决心，依靠各族人民，动员适当的兵力，完全可以打败侵略者的进攻。但清政府一心向内，把全部注意力集注在镇压回民起义上，使边疆各族军民得不到有力的支持，因而尽管有些作战取得了胜利，但并未能挽回大局。

就在伊犁军民屡屡取胜之际，清政府畏战退缩的心理与日俱增。同治皇帝认为，两疆分界之事一日不结，便一天也不会"清静"。若再拖延解决，"恐将来又另生枝节"。6月下旬，清政府催促俄方，从速派人来塔城谈判。俄方复照说，只有按俄国方案划界，谈判才能恢复。俄方的策略是拖延谈判，以便使用武力威胁，逼清政府全部答应其划界要求。8月下旬，俄国在博罗胡吉尔卡伦制造流血事件的消息传到北京，恭亲王奕䜣惊慌失措，他认为西北一带边疆地区，道路绵远，防不胜防，如被俄国深入内地，损失将更多，不如照俄方所要，办理分界事宜。9月7日，奕䜣的主张得到同治帝和慈禧太后的批准，奕䜣遂会见俄国代办格凌喀，表示准备接受俄方所提"分界议单"，所提条件是俄方撤出入侵俄军。但借助武力威胁正是俄国达到其领土要求的根本手段，因此，格凌喀只是口头允诺，实际上毫不兑现。

当俄国首席谈判代表巴布科夫得知这一消息后，欣喜欲狂。他回忆说："在经受了使人如此疲惫和忐忑不安的等待以后，得到这个可喜的消息，我所感到的满意心情是难以描述的。"10月9日巴布科夫赶回塔城。这时明谊尚不知道清政府已全部答应了俄方的划界要求。当明谊到塔城俄国领事馆与俄方代表会晤时，俄方反而严厉地指责他为什么不照自己政府的命令办事！像关于划定国家疆界这样的头等大事，政府居然先于自己的谈判代表将底牌亮给对方政府，把自己的代表打入闷葫芦，这真是在世界外交史上绝无仅有的事！在如此软弱无能的政府领导下，明谊等一班疆臣还能有什么作为呢?!

11月3日，明谊得知总理衙门确实答应了俄国的全部要求。但他仍感到问题严重，如按俄方的"红限"划界，多有碍于中国蒙古、哈萨克、布鲁特、索伦等族的生计，建议清政府再同俄国驻北京代办格凌喀商议，将分界线从"红限"再退让一二百里，以便安置以上各族人民。但是清政府不考虑明谊的建议，于1864年初，连续发布上谕，责令明谊遵照前旨，"径行断结"，不得再行与总理衙门咨商，拖延时日，使俄方有所借口。这样，明谊欲挽回领土损失的种种努力都付诸东流。他除了在俄国的"议单"上签字外，已无事可做了。

1864年10月7日，明谊等与俄国代表札哈罗夫、巴布科夫签订了《勘分西北界约记》，同时在俄方一手绘制的地图上签字画押。

《勘分西北界约记》计10条，主要内容为：①划分边界。中俄自沙宾达巴哈至浩罕为止划分两国边界。②边疆地区原住居民，划界后，"地面分在何国，其人丁即随地归为何国管辖"。③建立界牌，换约后，两国立界大臣按议定界址，分立界牌，移设卡伦、民庄。立界后，位于新界俄国一侧的中国卡伦，在一个月内迁往中国一侧；巴克图卡外五处民庄，限10年内内迁。

根据《勘分西北界约记》第六条规定，从 1865 年 5 月起双方勘界大臣在指定地点会齐，按着议定界址，分途建立界牌。至 1870 年，定界立牌结束。在定界期间相应地签订了《勘分西北界约记》的三个子约，即《科布多界约》、《乌里雅苏台界约》和《塔尔巴哈台界约》。这样，沙俄通过《勘分西北界约记》及其三个子约，割占了中国西部北起阿穆哈山脉，南达葱岭，西自爱古斯河、巴尔喀什湖，东迫塔城、伊犁，总面积 44 万多平方公里的土地。

沙俄强占伊犁地区与中俄 《改订条约》的签订

中国伊犁地区是指伊犁河上游及其三大支流特克斯河、巩乃斯河（空格斯河）和喀什河（哈什河）流域。这里河流纵横，气候宜人，土地肥沃，物产丰饶，是我国西部边疆的一块宝地。我国哈萨克、维吾尔、回、汉、布鲁特、锡伯等各族人民历来生息繁衍在这块土地上。他们用勤劳的双手在这块土地上建造了惠远、绥定、广仁、惠宁、熙春、宁远、拱宸、瞻德、塔勒奇九城。其中以惠远城为最大，是伊犁将军驻扎地、新疆的军政中心。

沙俄通过《勘分西北界约记》割占了中国大片土地后，即将矛头指向伊犁地区。曾任俄国陆军大臣的库罗巴特金曾直言不讳地说："肥沃的伊犁地区是向东延伸的一个坚固堡垒，并入俄国是相当有利的，因为这样不但极有助于保卫我们的领地，而且还会使中国受到威胁。"

恰在这时新疆少数民族布鲁特和回族举行反清起义，浩罕（乌兹别克人在中亚费尔干纳盆地建立的封建汗国，首都浩罕城）统治者阿古柏趁机进入南疆，攻占英吉沙尔、疏勒、莎车、和田、阿克苏、库车等地，控制了南疆，自立为汗，宣布成立"哲德沙尔国"（七城之国）。从此新疆局势动荡，给沙俄入侵伊犁提供了机会。

1866 年 3 月，惠远城被民族起事者攻陷。俄国即照会清政府，诡称准备派兵协助"收复"惠远，清政府未予理睬。俄军随后强占沟通天山南北的要地穆索尔山口，并修筑通往伊犁的道路，在伊犁西集结部队，为侵占伊犁做准备。19 世纪 70 年代初，阿古柏攻占了吐鲁番盆地和乌鲁木齐，沙俄认为清政府已无法规复新疆，遂于 1871 年 5 月分兵两路向伊犁进犯：一路从博罗胡吉尔出动，扑向马扎尔；另一路由春济出动，进犯克特们地区。伊犁各族人民同仇敌忾，作战近一个月，打退了两路来犯俄军。于是俄军调集 2000 人，配备 10 门火炮，再从博罗胡吉尔进攻，于 7 月初攻占绥定、惠宁和宁远城（今伊宁市），伊犁军民抗俄失败，伊犁地区被俄军占领。

沙俄强占伊犁后，对当地居民实行赤裸裸的军事殖民统治，废除了原割据政权的统治机构，将伊犁地区划归俄国七河省管辖。伊犁地区被划分为 4 个管区，其首领由七河省省长指派俄国军官担任。伊犁各族人民备受沙俄武装殖民者的残酷压迫和剥削，渴望中央政府驱赶入侵者，回到祖国的怀抱。清政府多次与俄国交涉，要求归还伊犁。沙俄政府则以"代收代守"为名，拒不交还。伊犁问题成为清政府内政外交上最紧迫的问题。

问题非常明显，伊犁问题的发生，首先是因为阿古柏盘踞新疆，给俄国占领伊犁制造了借口。清政府要想收复伊犁，首先必须消灭阿古柏政权，平定新疆，然后向俄国索还伊犁才有可能。但就在1874年清政府准备进军新疆之际，发生了日本派兵侵略台湾的事件，东南沿海的防务一时紧张了起来。于是在清政府内部引发了一场"海防与塞防之争"。

以李鸿章为首的"海防派"认为：自乾隆鼎定新疆之后，每年需花费军饷300余万两，很不值得。新疆与俄罗斯等强国毗连，外强内弱，即使勉强收复，也难久守。不如采用曾国藩曾提出的办法，"暂弃关外，专清关内"。况且不收复新疆，"与肢体之元气无伤，海疆不防，则心腹之大患愈棘"。因此应裁撤"已经出塞及尚未出塞各军"，"其停撤之饷，即匀作海防之用"。按李鸿章的主张，不止放弃伊犁，而且要放弃整个新疆！

以甘陕总督左宗棠为代表的"塞防派"主张海防与塞防并重。左宗棠力排众议，坚决主张收复新疆。他说：整个大西北连为一体，若新疆门户大开，则蒙古诸部不稳，不仅陕西、甘肃、山西各边不时有被侵犯之虑，而且京城以北的关隘，也无安眠之日。他进一步明确指出："重新疆者，所以保蒙古；保蒙古者，所以卫京师"，将收复新疆的重大意义剖析得淋漓尽致。清政府采纳了左宗棠的建议，于1876年5月任命他为钦差大臣，主持新疆军务，授予其平定阿•古柏的全权。

1876年5月左宗棠从兰州出发，将行营移到肃州（今嘉峪关），开始了平定阿古柏的胜利进军。他命令抬棺出征，以表明与新疆共存亡的决心。广大官兵深受激励，人人奋勇杀敌，连克古城、乌鲁木齐等地，平定了天山北路。1877年春，左宗棠挥师南疆，在新疆各方人民的热情支持和配合下，西征军接连收复达坂城、吐鲁番等地。阿古柏被部下毒死，其部众溃不成军，至当年12月，清军收复叛军最后盘踞的孤城喀什噶尔，阿古柏残部数千人逃入俄境。除伊犁地区尚被俄军非法占领外，新疆其余地区全部收复。这样，就为中国最后解决伊犁问题创造了前提条件。

清政府为了收回伊犁，曾三番五次同沙俄驻华公使和土尔克斯总督交涉，均毫无结果，于是决定派盛京将军崇厚赴俄京直接同俄政府谈判。

崇厚一行于1878年11月从上海乘船启程，12月底抵达彼得堡。沙皇政府一改在中国西部边疆地区攻城略地的凶恶面目，对崇厚百般奉迎，对他及使团成员破格接待，沙皇亚历山大二世亲自召见使团，并在皇宫举行盛大宴会。崇厚陶醉于这种奉承性的接待之中，完全忘记了自己的使命，掉进了沙俄精心设计的陷阱。在谈判开始不久，沙皇和外交大臣便去克里米亚度假，改由次等官员向崇厚进行欺骗和讹诈。崇厚步步退让，"每遇交涉之事，惟以诚意相孚"，甚至向清政府担保沙俄"无图利之心"。当时的情况，正如崇厚的副手邵友濂所说的那样，"他们（沙俄）要什么，（崇厚）就答应什么"。

这样，谈判自然进行得"十分顺利"。在 1879 年 10 月 2 日，双方在克里米亚半岛的里瓦吉亚签订了《里瓦吉亚条约》（又称《中俄条约十八条》）。据约，中国将割让霍尔果斯河以西地区、特克斯河流域以及沟通天山南北通路的穆素尔山口，在喀什噶尔地区和塔城地区边境线都将向中国一侧推移；中国要赔偿俄国白银 280 万两，作为俄国"代收代守"伊犁军费；此外，沙俄还将获得极其优惠的贸易特权和单方面在华增设领事的特权。中国所收回的只是几座无险可守的孤城，《里瓦吉亚条约》是不折不扣的丧权辱国的条约。

沙俄诱迫崇厚签订《里瓦吉亚条约》的消息传到国内，朝野哗然，同声声讨崇厚误国。在全国舆论的压力下，清政府于 1880 年春天宣布崇厚越权订约无效，定崇厚斩监候罪，待秋后处决。中俄关系由此急剧恶化。沙俄积极做全面侵华战争的部署，战争有一触即发之势。

清政府为避免发生战争，任命大理寺少卿、驻英法公使曾纪泽为钦差大臣，赴俄都进行废旧约、立新约的谈判。经反复讨论，使团确定了以力争取回伊犁地区、酌允对俄通商和增加赔款为宗旨的谈判方针。

1880 年 7 月底曾纪泽使团抵达彼得堡。为缓和谈判气氛，清政府在谈判开始之前即宣布将崇厚"加恩开释"。8 月 23 日在俄国外交部中俄举行首次谈判，此后两国代表分别在俄外交部与中国驻俄使馆举行了 50 多次谈判，历时半年之久。曾纪泽为减少损失做出了艰苦努力，终因俄强我弱，又有《里瓦吉亚条约》在先，无法挽回全部损失，于 1881 年 2 月 24 日被迫与俄方代表签订了《改订条约》（又称《圣彼得堡条约》）。

《改订条约》有法、汉、俄三种文本，共 20 条，主要内容是：①割地。在伊犁地区，两国顺霍尔果斯河划界，该线以西的中国领土划归俄国。在塔城地区，修改 1864 年《勘分西北界约记》勘定的边界，在喀什噶尔地区照俄方"现管之界"勘定边界。②赔款。中国偿付俄国"代收代守伊犁兵费"509 万两白银，限两年内偿清。③通商。重申俄国在蒙古地区贸易免税，俄商在新疆贸易暂不纳税，俄商可往肃州贸易，俄商贩货可经张家口、通州赴天津，将货物运往内地市场销售。④片面设领和领事裁判权。除照旧在塔城、喀什噶尔、库伦设领外，在肃州、吐鲁番两处增设领事。俄国领事有权与中国地方官员"公同查办"两国人民在中国境内发生的一切事端。清政府以以上苛刻条件换取俄国从伊犁撤兵。

同《里瓦吉亚条约》相比，中俄《改订条约》使中国的损失减轻了一些，主要是中国收复了特克斯流域 2 万多平方公里的土地。

根据《改订条约》的有关规定，中俄双方重新勘定新疆地区的部分边界，先后签订了《改订条约》的5个子约，即中俄《伊犁界约》、《喀什噶尔界约》、《科塔界约》、《塔尔巴哈台西南界约》和《续勘喀什噶尔界约》。据以上条约和界约，俄国共割占7万多平方公里的中国土地。

由《勘分西北界约记》和《改订条约》所划定的边界即是后来基本保持下来的中俄西段边界。

九 "中俄密约"与东北沦为沙俄独占的势力范围

19世纪末到20世纪初,沙皇俄国进入了帝国主义阶段。列宁概括俄国帝国主义的特征为军事封建帝国主义,就是说,俄国帝国主义既具有西方帝国主义的一般特征(例如,垄断资本的形成、资本输出等),同时还具有俄国传统特色,即"资本帝国主义较薄弱,而军事封建帝国主义是比较强大的"。这一特征反映在对华政策上,则表现为对华资本扩张伴随着军事扩张和领土扩张。

同时期的中国,经过中日甲午战争,变得更为衰弱不堪,更深地跌入了半殖民地的深渊,失去了抵御外侮的能力,成为列强竞相宰割的对象。列强中的两大邻国——俄国和日本是侵华活动中的最凶恶者。为争夺最大的侵华份额,它们之间充满了矛盾和斗争。由于日本发动对华的甲午战争而上升为中国的主要敌国,这就造成了清政府采取"联俄制日"的策略。这一策略正中沙俄下怀,使其像第二次鸦片战争时那样,以"朋友"的身份获取了最大份额的侵华利益。

"中俄密约"与中东铁路

中国美丽富饶的东北地区是 19 世纪末至 20 世纪初俄日竞相争夺的目标。俄国国务大臣节尼索夫有一句名言:"正如罗马人自豪地宣称,世界上条条大路通罗马一样,我深信,在远东的政治关系中,我国的主要利益集中在满洲(指中国东北地区——引者注)。"这段话恰当地表达了当时俄国的国策。

为巩固和开发新占领的西伯利亚和远东地区,增强俄国在远东、太平洋地区与其他强国争夺霸权的地位,沙皇政府于 1891 年修筑横跨欧亚的西伯利亚大铁路(西起车里雅宾斯克,东抵海参崴),将俄国欧亚两大部分连为一体。俄国远东政策的制定者、财政大臣维特为缩短路线并将俄国资本打入中国东北,决定使该路穿过中国东北地区。在中国境内的这条铁路,当时称为"中国东省铁路",后来又称为"中东铁路"、"中长铁路"。用维特的话讲,修筑这条铁路的政治和军事战略意义是:

> 它使俄国能在任何时间内,在最短的路线上,把自己的军事力量运到符拉迪沃斯托克(海参崴),并集中于满洲、黄海沿岸和临近中国首都之处。相当数量的俄国军队在上述据点出现,就可能大大增加俄国不仅在中国而且在远东的威信和影响,并将促进附属于中国的部族和俄国接近。

修筑中东铁路是俄国准备占有东北、控制中国、增强其远东霸权地位的重大战略举动。因此，取得在中国的"借地筑路"权就成为沙皇政府处心积虑谋求的目标。

中日甲午战争后，日本在东方迅速崛起，这对大肆向远东发展势力，特别是准备攫取中国东北地区的俄国构成了严重威胁。俄国联合德、法，向日本发出联合警告，逼日本将刚刚割取的中国辽东半岛，让中国以3000万两库平银赎回。俄国此举取得了两大效果：一是暂时阻止了日本向东北的扩张，为其向东北发展势力扫清了障碍；二是赢得了清政府的欢心，使其以"朋友"的身份，对清政府进行利诱，实现其全面进入东北的目的。

俄国主导的"干涉还辽"取得成功之后，清廷上下联俄制日之议骤起。其中，最具代表性的主张是张之洞的奏折，他认为在中国不能同时对抗东西两洋之时，"莫如立密约以结强援"，而"欲立约结援，自惟有俄国最便"。他主张借干涉还辽之机，应对俄国"力加联络，厚其交谊，与之订立密约"，若中国发生战事，俄国以兵相助，不仅可抵御日本，还可减弱英国的势力。两江总督刘坤一明知道俄国明着是帮中国抑制日本，其实是为自己打算，但迫于日本的压力，也主张"与俄结欢，以制东西两洋"。这样，清政府就形成了"联俄拒日"兼以牵制英国的策略。

1896年5月26日沙皇尼古拉二世将举行加冕典礼。清政府派李鸿章为"钦差头等出使大臣"赴俄致贺，并出使英、法、德、美等国，联络邦交。行前，李鸿章说，"联络西洋，牵制东洋，是此行要策"。所谓"联络西洋"，主要是联络俄国。

1896 年 3 月 28 日李鸿章自上海以海路出发，4 月抵塞得港。沙皇尼古拉二世的特使已先期"恭迎"。到达俄国港口敖德萨之后，俄国以接待国家元首的规格隆重欢迎，特派专列将李鸿章送到彼得堡。

和崇厚一样，李鸿章一到俄国便沉浸于虚荣心的满足，一头扎进俄国人设置的圈套。维特等俄国权臣，以共同防御日本为诱饵，步步欺骗李鸿章上钩。他们一再声称：要抵御日本，必须"借地接路"，以便火速调兵；日本进攻辽东时，就因当时没有通往东北的铁路，耽误了时机。但李鸿章并未得到慈禧允俄借地筑路的旨意，犹豫不决。维特等便用 300 万卢布行贿，答应如果"接路"顺利进行，俄国将付给李鸿章 300 万卢布的"酬金"，到铁路竣工时为止，分三次付给，每次 100 万卢布。李鸿章在俄国的百般利诱和重金收买下，终于接受了俄国的要求，于 1896 年 6 月 3 日与俄外交大臣洛巴诺夫签订了中俄《御敌互相援助条约》，因该约属绝对机密，史称"中俄密约"。该约有中、法两种文本，以法文本为准。其主要内容如下。

第一，日本如侵犯俄国土地或中国土地，两国应将所有水陆各军所能调遣者，尽行派出，互相援助。如两国既经御敌，非两国共同协商，一国不能与敌国议立和约。

第二，当开战时，如遇紧要之事，中国所有口岸准俄国兵船驶入。

第三，中国允许俄国在中国黑龙江、吉林接造铁路，以达海参崴。共同御敌时，俄国可在此路运兵、运粮、运军械；平时无事时，俄国也可在此路运送过境之兵、粮，但不得借故停留。此路由中国交华俄道胜银行承办，合同条款，由中国驻俄使臣与该银行另订。

第四，此约在筑路合同批准之日起执行，以 15 年为限。

就字面而论，"中俄密约"是两国反日军事同盟条约，但实际上，它是俄国精心设计的骗局。该约使俄国不费一枪一弹，大踏步地进入了东北，一步步地将东北变为其独占的势力范围。对清政府来说，签订该约无异于开门揖盗。李鸿章为取得俄国共同御敌的空头许诺，不惜收受贿赂、出卖民族利益和人格，成为千古罪人。

根据"中俄密约"，1896 年 9 月 8 日，中俄签订了《东省铁路公司合同》，俄国取得了在中国东北修筑中东铁路的权利，使该路与俄国赤塔、南乌苏里铁路相连接，从此俄国资本涌进中国东北地区。铁路于 1897 年 8 月在绥芬河举行开工典礼。1898 年 3 月，沙俄又强迫清政府签订了《旅大租地条约》，取得了修筑中东铁路南满支线（从哈尔滨至旅顺）的权利。4 月，以哈尔滨为中心，往东至绥芬河，往西至满洲里，往南至大连，另外从大连向北和从俄境双城子向哈尔滨五个方向同时施工。筑路工程以军事化的方式进行，不管是零下 30 度的严寒，还是夏日暴雨与江河泛滥，都照常施工。工程技术人员由俄国员工担任，土石方等粗工由华工顶充，除路轨等铁路器材系从俄国运来外，所需木材、沙石等材料均在东北就地取材。至 1900 年 6 月，路轨已铺设 1480 公里。它西起满洲里，中经海拉尔、富拉尔基、哈尔滨、牡丹江，东至绥芬河，北起哈尔滨，中经宽城子（长春）、盛京（沈阳），南抵大连，成"丁"字形纵横东三省腹地以及呼伦贝尔等内蒙古地区。因义和团运动爆发，铁路于 1900 年 6 月停工；1901 年重新开工，1903 年全线通车，这一耗资巨大、影响深远的工程始行竣工。

中东铁路名为中俄合办，实为俄国一家独办。《东省铁路公司合同》规定，中国以库平银 500 万两入股，与华俄道胜银行合办。但早在《合同》签订之前，该银行便与俄财政部达成秘密协议，铁路 70% 股份归俄财政部所有，所余铁路 30% 的股份也全部为俄国财政部购买。这样，俄国财政部便成为东省铁路公司的唯一股东。中国不握有股份，自然也就没有参加管理的实权，所谓"合办"全是骗局。

该《铁路合同》规定，为建造和经营中东铁路，另设中国东省铁路公司。该铁路公司章程按俄国铁路公司成例办理，中东铁路与俄国铁路一样采用宽轨，其管理方式也同俄国铁路一致。但铁路用地由中国提供，如用官地，由中国政府免费提供，如用民地，按时价收购，但一律不收地税。俄国水陆各军和军械可以随时从铁路过境，中国不得阻拦和检查。俄国经铁路运送货物免税。这样中东铁路就成为在中国土地上修筑的俄国铁路。中国所得到的权利，仅仅是铁路通车 36 年后可以出资赎买，80 年后铁路方可收回。其条件之苛刻绝无仅有。

沙皇政府还违反《铁路合同》的规定，将铁路用地强行改变为俄国租借地。在路区内非法驻军，相继攫取铁路区域之内的军警护路权、行政管理权、司法权、收税权。其中仅铁路驻军最多时就曾达到 7 万人。这样在纵横东三省的腹心地带就出现了一个中国政令不通的"国中之国"。沙俄通过中东铁路和路区，从政治、经济、军事等方面将东北三省置于它的控制之下，其准备最终吞并东三省的目的昭然若揭！

另一方面，随着中东铁路的修筑，俄国巨额资本涌入东北。据俄国资料，到 1903 年铁路全线通车时，铁路资产总值约达 3.75 亿卢布，修建大连花去约 1885 万卢布。其中相当一部分资金是用于支付工资和购置工程物料的费用。伴随着筑路工程的发展，东北铁路沿线的商业、运输业和服务行业也活跃了起来。东北是清廷皇室的封禁之地，长期限制关外人口迁入，造成了东北地旷人稀、经济长期停滞不前的状况。铁路开工后，关内劳动力纷至沓来，近则来自山东、河北，远至两湖和云南，其中仅筑路土工人数最多时就曾达 20 万人。他们承受残酷的剥削，最低日工资仅 30 戈比。这些外来人口开发了东北土地，许多人成为东北居民，使东北人口迅速增加。随着铁路工程的进展，铁路沿线地区出现一些大中城镇。其中哈尔滨、长春

（宽城子）后来分别发展为黑龙江省和吉林省的政治、经济和文化中心。对哈尔滨和大连的建设，沙皇政府尤其不惜工本。从秦家岗子（今哈尔滨南岗区）到道里，东省铁路局、华俄道胜银行分行等一系列俄国殖民机构与工商业大楼，全部是设计精美、装潢华丽的俄式建筑，哈尔滨遂被称为"东方莫斯科"。香坊和道外地区也出现了一批中国民族工商企业。大连城分为三个区：一个行政管理区和两个商业区（欧洲人商业区和中国人商业区）。其中以俄国人占据的行政管理区的建筑最为豪华。区内除有装饰讲究的市府大楼、港运和市政管理大楼、法院和银行大楼外，公园、医院、餐馆、网球场、跑马厅等高级服务与娱乐设施一应俱全。日本人与欧洲人则在欧洲人商业区大兴土木，各种建筑风格的洋房拔地而起。中国民族工商业者则被挤在城市的边远地区开办一些企业，这些地区就被称作中国人商业区。哈尔滨与大连都是在外国资金大量投入下迅速发展起来的城市，带有浓重的殖民色彩。在外资的刺激下，中国民族工商业也得到一定程度的发展。但由于俄日资本的压制，哈尔滨、大连等地的中国民族工商业始终处于从属的地位。

 **沙俄强租旅大与东北沦为
沙俄独占的势力范围**

根据《北京条约》，沙俄割取了中国乌苏里江以东的土地，并取得了通向太平洋的出海口——海参崴。但该港口半年以上为封冻期，难以满足沙俄在太平洋争霸的要求，中国天然良港旅顺口便成为沙俄猎取的目标。

恰在这时，德国看中了中国的胶州湾准备强占，这就给俄国以防德之名强占旅顺口找到了借口。由于在干涉还辽期间，德俄形成同盟，德国在占领胶州湾之前，先同俄国商量。1897 年 8 月，德皇威廉二世访俄，同俄皇尼古拉二世达成默契：在德国占领胶州湾时，俄国不加反对。"中俄密约"墨迹未干，沙俄就勾结一个盟国侵略另一个盟国（中国），这就反映出俄国与中国所谓"共同御敌"的真正用意。

1897 年 11 月 14 日，德国利用山东教案占领了胶州湾。两周后，沙皇尼古拉二世便主持了有外交、财政、陆军、海军各部大臣参加的御前会议，计议占领旅大问题。会上俄外交大臣和陆军大臣认为占领旅大"恰逢其时"。而财政大臣维特认为，俄国刚刚与中国订立了秘密防御条约，如在这时占领旅大是"最大的背信弃义"，他主张慢慢来，先修通中东铁路，在"中俄友好"和"经济利益"的基础上，俄国"必能比欧洲取得更多的成果"；如强行占领将冒激化对日矛盾的危险。维特代表俄国工业资本的利益，想维持一段远东的和平时期，以便使其投入东北的巨额资金增值。但正如本章开头所指出的，俄国封建军事势力是强大的，而资本势力则是相对弱小的。这就决定了维特的主张必然失败的结局。会后不久，沙皇尼古拉二世就下令俄国舰队开赴旅大。在德国占领胶州湾的一个月之后，即 12 月 14 日，俄国舰队在"保护中国"的幌子下大摇大摆地开进了旅顺口。俄国外交部向清政府保证：俄舰进入旅顺"是为了帮助中国人摆脱德国人，只要德人撤走，我们就撤走"。这时，清政府对俄国在密约中做出的保证仍坚信不疑，李鸿章对俄舰的到来不但不"惊慌失措"，还表示"高兴"。总理衙门指示旅顺口守将对进入旅顺口的舰队"所有应用物件随时接济"。清政府一班昏庸腐朽的权臣们真的把沙俄当成了友邦！

但俄舰进入旅顺口后，沙俄政府立即自食暂时借港停泊的前言，于 1898 年 2 月决定：俄国不仅要割取旅顺口和大连湾，而且要割取从普兰店到貔子窝（今皮口）的整个辽东半岛，并从中东铁路修一支线直达旅顺口。随后，俄国又向旅顺口增调两个水雷中队和 3000 名骑兵，以及 67 门火炮，准备在必要时强行占领整个辽东半岛。

这时清政府才如梦初醒，感到事态严重，急派驻俄公使杨儒向俄交涉从旅顺口撤兵问题。但俄国公使巴甫洛夫也出现在总理衙门，要求旅大租地和建造铁路支线，并限五日内答复，否则，俄国将不履行"中俄密约"中"援助"中国共同"御敌"的义务。俄国的态度表明：你要我帮助嘛，那好，请先将敌人要的东西给我——这是多么坦率的"盟友"呀！

清政府碰到这样棘手的问题，还是要找李鸿章。当俄国得知清政府将谈判大权交给李鸿章和张荫桓时大喜望外。巴甫洛夫遂秘密会见李张二人，答应如满足俄国要求，当各付他们 5 万两酬金。俄国行贿再次生效，李鸿章使出全副辩才，说服了慈禧太后和光绪皇帝，同意了俄国的要求。于是在1898年3月27日，按俄国指定的期限，李鸿章与张荫桓同俄国驻华公使巴甫洛夫签订了《旅大租地条约》。根据此约，中俄又签订了《续订旅大租地条约》与《东省铁路公司续订合同》。

根据以上条约，中国将旅顺口、大连湾及辽东半岛（从普兰店之北起，经亚当山脊至东岸貔子窝湾北尽处止）租与俄国，租期为25年；租界附近水面及陆地周围各岛均归俄国使用。从盖州河口起，经岫岩城北至大洋河，沿河左岸至河口，为隙地。这一"隙地"非经俄国允许，中国不得让与别国人享用，隙地东西沿海口岸不得别国通商以及准许别国开办工商企业。中国准许东省铁路公司的轮船行驶辽河及其支流及营口和隙地内各海口，运送造路物料。东省铁路支线由哈尔滨直达旅顺、大连湾海口；《东省铁路公司合同》所规定各项条款，均适用于此支线；支线所经地方铁路权益，中国不得让与别国人。旅顺口为俄军港，只准华俄船只享用，各国兵船商船一律不得进入。

从1896年的"中俄密约"到1898年7月《东省铁路公司续订合同》签订的两年时间内，俄国取得了在东北的筑路权、开矿权、森林采伐权、内河航行权、港口与铁路驻军权，而且这些权益全是排他性的。这就是说，中国东北全境已沦为沙俄的独占势力范围，其中旅大租借地由俄国设官治民，成为沙俄的殖民地。中国东北边疆出现了空前的民族危机。

十 沙俄的"黄俄罗斯计划"及其破产

　　俄国强租旅大和德国租借胶州湾，引起了列强抢占在华势力范围的狂潮，伟大的中国面临豆剖瓜分的危险。为挽救民族危亡，中华儿女于 1900 年掀起了义和团反帝爱国运动。列强举行联合镇压，这就是血腥的八国联军侵华战争。在这次战争中，沙俄一方面参加联军，攻占了北京，同时又单独出兵占领了东北三省，对东北实行赤裸裸的军事殖民统治。这时在俄国报刊上出现了实行"黄俄罗斯计划"的议论，就像俄国有大俄罗斯（即俄罗斯）、小俄罗斯（乌克兰）和白俄罗斯一样，应再加上一个"黄俄罗斯"——中国东北。"黄俄罗斯计划"十分恰当准确地反映出沙俄准备吞并中国东北的政策意图，为许多俄国当权者津津乐道。后来便成为义和团运动之后、日俄战争之前沙俄对中国东北方针政策的历史代名词。沙俄对东北的军事占领引起了东北军民的坚决反抗，也激化了日俄矛盾，从而爆发了 1904 年的日俄战争。俄军惨败，沙俄吞并东北的"黄俄罗斯计划"也随之破产。

俄军抢占北京和独占东北

1900 年 5 月，义和团运动席卷京、津。上自清廷王公大臣，下至市民百姓，对义和团无不望风影从。京师很快成为义和团的天下，一场反帝烈火熊熊燃烧了起来。列强决定进行联合镇压。

由于俄国利益主要集中在东北，确保在东北地区的行动自由是沙皇政府的首要目标。但京津是中国的心脏地区，俄国也不甘心让其他列强独占利益。于是俄国确定了既同列强联合行动，又保持自己行动自由的方针：既参加联军进攻北京，同时单独出兵占领东北。

当时旅顺口俄国驻军有 1.35 万人，居列强在华驻军之首。这批俄军，北锁东三省门户，直逼京津，朝发夕至，使俄国在列强对华争夺中处于最有利的地位。

6 月，英国海军上将西摩尔纠合其他国家侵华军约 2000 人从大沽绕过天津向北京进攻，在廊坊被义和团和清军打得大败而回。在天津，来自北直隶的义和团向盘踞在老龙头火车站等处的外国侵略军展开猛攻。在天津地区的外国侵略军处境十分狼狈。沙俄利用其在旅顺口驻有大军的有利地位，向天津派出 4000 俄军，立即改变了天津的局势。6 月 17 日俄海军中将组织并率领各国海军攻陷了大沽炮台，占领了大沽口，把联军侵华战争推向了一个新阶段。

大沽口是京、津门户，联军占领大沽口，京津立即处于危机之中。全国上下无不感到民族危亡的严重危机。6月21日清政府发布宣战上谕，号召义和团和清军一致对敌作战。义和团2万余人，纷纷奔向天津，投入反侵略民族战争，清军也奋起抗战。中国抗击八国联军之战全面展开。

联军占领大沽口后，立即筹划占领天津。由于其他国家的军队未能及时赶到，俄军又成为进攻天津的主力。截止到6月底，俄国从旅顺口向天津集中了近6000俄军，占全部联军的42%。驻旅顺口俄军司令阿列克谢耶夫亲赴大沽口，指挥作战。由于他在联军中军阶最高，充当了联军进攻天津的总指挥。

7月12日阿列克谢耶夫召集在天津的各国司令官开会，决定第二天攻打天津。日军少将福岛率日、英、美、法、奥侵略军攻打天津城南门，阿列克谢耶夫率俄军进攻芦台运河岸上的清军与义和团的阵地。中国军民进行了一整天的英勇抵抗，共击毙击伤联军约900人，侵略者每100人付出11人的伤亡，受到了沉重打击。俄军用重炮击坍黑炮台，天津城孤立无援，于14日被福岛攻占。

8月初，德国元帅瓦德西被确定为联军统帅。俄国为赶在瓦德西到来之前占领北京，以便自由行动，不受统帅控制，决定提前向北京进军。8月3日，俄军司令利涅维奇在天津召集各国司令官会议，决定第二天开始进攻北京。8月4日，联军计1.88万人，携带100门火炮从天津出发。其中俄军4800人，军队人数仅次于日本，另有6000俄军留守天津，继续镇压天津人民的反抗。

　　联军占领通州后，利涅维奇建议稍事休息，15 日进攻北京。但为了首先把清政府"抢到手"，利涅维奇违反自己的提议以及与各国达成的协议，于 13 日晚率俄军提前向北京进发，于 14 日凌晨攻占东便门，首先进入了北京城。北京枪炮齐鸣。留在通州的联军才恍然大悟，赶忙尾随而来。当他们攻入北京时，俄军已抢先占领了清朝皇宫。慈禧太后已挟光绪帝西逃太原，俄军想控制清政府的谋划也完全落空。俄军遍搜慈禧的卧室，搜得她珍藏如宝的装有"中俄密约"的匣子。这距该约签订仅四年零两个月的时间，还不到"密约"有效期的 1/3！但一个盟友却伙同他们的共同敌人（日本）侵略和打劫另一个盟友，甚至连信誓旦旦的盟契也被打劫而去！这真是绝妙的历史讽刺。

　　俄军从天津一路杀入北京，对中国人民犯下了罄竹难书的罪行。联军统帅瓦德西供认，从塘沽至北京"凡军队行经之地，但见一片荒凉废墟而已"，"至少当有 50 万人，变成无家可归，散处于附近之地"。俄军与美军一起，火焚了塘沽和附近的农村；入天津城后，又同其他侵略军"为所欲为地抢劫了一天"。俄军头目还盗窃了天津海防公所珍藏的艺术珍品，劫掠了造币厂的存银。在天津"俄人所踞之地，被害特甚，抢掠焚杀，继以奸淫，居民逃避一空"。

　　俄军进入北京后宣布北城根以南一带和南城均归其管辖，也就是紫禁城和南城——北京最重要和最繁华的地区尽被其独占。俄军同其他国家的侵略军公开抢劫和奸淫三天之后，继续为所欲为。据西方人记载："俄国占领区凌辱和暴行最为显著，也最持久。"俄军司令利涅维奇就带头抢劫，成为俄军官兵"效仿的榜样"，他回国时，除行李之外，"从北京带回16大箱子的贵重物品"。由俄军"保护"的清室寝宫南海，"其中大部分贵重物品，尤其是较大之件，皆被盗去"，而其他各物皆被"打成粉碎"。俄军撤出南海时，让工人挑出书籍字画共七挑，许多海内珍品，狼藉满地；所有皇上所用物件，被俄兵"掠取殆尽"。俄军还因与日军争抢银钱，将银库和户部衙门举火焚烧，除残存几处建筑外，其余均化为灰烬。在俄军和其他国家侵略军的铁蹄之下，京津以至整个华北地区满目疮痍。

西方侵略者尽管可以摧残中华文明，蹂躏中国土地，却不能灭亡中国。要统治如此幅员广大、人口众多的国家，他们还离不开代理人——清朝政府。而当时的清政府已逃至西安，怕受到联军惩罚，拒绝同联军接触。联军也陷入义和团余部和中国人民反抗斗争的汪洋大海之中，其进行的"讨伐"活动，愈来愈力不从心，更不用说一举拿下西安。当时的局势成了战不能战、和不能和的状态。

由于俄国的主要利益集中在东北，京津地区的形势又无短期内转机的可能，在占领北京不久，沙皇政府就发表声明，它决定从北京单方面撤军。这一声明有一箭三雕的目的：一是可讨好清政府，为日后与清政府单独谈判留下回旋的余地，以便在谈判桌上谋取最大的利益；二是扩大清政府与其他列强的矛盾，以撤军表明俄国与"讨伐"活动无关，将清政府对联军的不满转移到以德国为首的其他列强的头上；三是及时地将军队集于东北，以便在最短的时间内占领东北全境。声明发表不久，俄军全面进攻东北的作战便开始了。

从东北全境来看，东北地区的义和团运动比京津以至整个华北地区开始得要晚。1900年初，东北地区的义和团在个别地区开始酝酿，6月全面爆发，7月达到高潮，其矛头集中指向沙俄殖民者。

东北义和团运动的明显特点是：东北广大爱国官兵与义和团并肩战斗，其打击的主要对象是沙俄设在铁路沿线的护路军，运动一开始就表现为激烈的武装斗争。

中东铁路护路军是沙皇政府非法在中东铁路路区设立的殖民部队。从1898年初首批护路军计5个哥萨克骑兵连进入路区起，至1900年6月，沙皇政府共向铁路沿线派驻了近5000名护路军。这是其他国家在华筑造铁路所没有的情况。这批军队分布在中东铁路和南满支线上，在东三省腹地组成了一个军事长廊，将驻旅顺口的俄军同俄国外贝加尔地区、南乌苏里地区直到海参崴的军事力量联为一体。俄国的这种军事布局就将中国东北三省置于其军事控制之下。护路军官兵多数是在中亚和外高加索等地服过兵役的军事殖民者，来到东北之后又以"新主人"自命，他们在各村屯随意侵夺民房，奸污妇女，欺骗和诈取钱财，掠夺财产和粮食，用各种手段扰乱和侮辱当地居民。俄国铁路当局强行大量"购买"农民的土地，农民奋起保卫自己的家园。护路军便以武力驱赶、屠杀农民，在铁路沿线，特别是在南满支线上不断制造流血事件。这一切激起了东北人民的坚决反抗。在义和团运动爆发之前，东北人民和清军就不断以各种形式打击殖民者。京津地区军民对联军的英勇抗击极大地鼓舞了东北军民，东北大地立即燃起了反抗沙俄殖民者的熊熊大火。

从 1900 年 6 月下旬至 7 月下旬一个月的时间，东北军民在铁路全线对护路军展开了全面进攻。在中国军民的沉重打击下，俄国护路军和铁路人员从东北全面撤退：一部分经满洲里撤回俄国，其余部分分别集中在哈尔滨、大石桥（今营口县治）和牡丹江。中东铁路筑路工程全部停工。

东北义和团刚刚开始活动的时候，沙皇政府就感到了严重威胁，要求清政府促使东北当局"维持地方秩序"。维特还通过俄国铁路当局"借给"东三省各省 10 万两银子，让三省将军制止"骚乱"，如达到要求，再"借给"他们新的款项。这就是说沙皇政府准备通过惯用的贿赂手段，借东三省三将军之手镇压义和团，以保证俄国在东北的重大利益。

但是东北义和团运动发展十分迅猛，而且广大爱国官兵也站到了义和团一边，于是沙皇政府决定将护路军扩编到 1.1 万人，企图用这支表面上的"非正规部队"维持东北秩序。但新扩编的护路军还未来得及全部到达东北，原有的护路军就被打得落花流水，沙皇政府便决定派出正规军占领东北。

沙俄军事当局动员了 12 个军区的部队，调集了 11.6 万余人的兵力，于 7 月底分五路对东北展开全面进攻：从旅顺口北上进攻盛京；从伯力溯松花江而上进攻哈尔滨转攻盛京；从满洲里入境，经海拉尔，进攻齐齐哈尔转攻盛京；入海兰泡渡黑龙江，经黑河，进攻齐齐哈尔转攻盛京和从海参崴出发，经宁古塔、吉林，直趋盛京。俄军的策略是分兵合击，尽量将东三省的守军吸引到边陲，使其彼此不能相顾，然后各个击破，迅速控制三省省会，全面占领东三省。因驻旅顺口的俄军同时担负华北战场与东北战场两线作战的任务，为控制天津和占领北京，该路俄军在攻占营口、海城后便停止进军，将主力调往华北，把对盛京的作战推迟了 40 余天。其他各路俄军于 7 月底和 8 月初按预定的时间开始了对东北的作战。

北路俄军在发动进攻之前，俄国阿穆尔省当局制造了举世震惊的海兰泡和江东六十四屯大惨案。海兰泡原为中国的一个居民村，位于黑龙江左岸与精奇里江汇合处附近，沙俄据《瑷珲条约》将其割占后改名为布拉戈维申斯克，后来成为阿穆尔省首府，在惨案前住有华侨 1 万余人。中国瑷珲驻军为防止俄军进攻，于 7 月 15 日拦击从海兰泡下驶的俄国兵船。阿穆尔当局遂于 17 日至 21 日对海兰泡华侨进行大搜捕，将他们分四批赶入黑龙江中活活淹死。接着挥兵血洗江东六十四屯。江东六十四屯位于黑龙江左岸、精奇里江江口以南至孙乌县霍尔莫勒津屯，长约 150 里、宽约

80 里，因历史上曾出现 64 个村屯而得名江东六十四屯，惨案前常住这里的中国居民有 2 万余人。《瑷珲条约》明文规定，原住该处中国居民照旧准其"永远居住"，仍由中国"大臣官员管理"，"不得侵犯"，因而自《瑷珲条约》签订之后，江东六十四屯一直由中国瑷珲官员管辖。俄军在搜捕和淹死海兰泡华侨的同时，侵入江东六十四屯，恣意烧杀，将中国居民赶出家园，未及过江者被"一同逼入江中"，一连几天，浮尸蔽江而下。江东六十四屯被俄国霸占，中国居民的损失达 300 余万两白银。两地被害中国居民达 7000 之众。

俄军占领江东六十四屯后，便将该处沿黑龙江的一些地区辟为军事据点，做了渡江的部署。8 月 1 日凌晨向瑷珲上游 70 华里黑河屯（今黑河市）发起进攻，于中午占领黑河屯，将这个有五六千人口的村镇夷为平地。接着，俄军沿江下行，进攻瑷珲。俄军水陆环攻，瑷珲城破，副都统凤翔撤兵于北大岭防守。留守瑷珲的清军继续进行顽强的抵抗。每个工事和战壕，每座房屋，俄军都必须逐个争夺才能占领，有三四百名清军直到全部战死也不投降。坚守一座军火库的 8 名士兵，炸毁了库房与敌人同归于尽。协领玉庆，城破被俘，以俄语骂敌，身受脔割，仍"詈不绝口"。瑷珲军民用自己的热血谱写了中华民族抗击外来侵略者的光辉篇章。

俄军血洗瑷珲城后转攻北大岭，凤翔战死，北路清军遂失去了抵抗能力。8 月 29 日省城齐齐哈尔沦陷，黑龙江将军寿山自杀，黑龙江省被俄军占领。从伯力、满洲里、宁古塔入侵的俄军分别占领了哈尔滨、富拉尔基、吉林等重要城市。10月1日盛京被南路俄军攻占，东三省全部沦陷。近10万俄军集中于东北，使中国东北陷入严重困境。

从"中俄密约"的签订到中东铁路全面施工，俄国对东北实行的主要是"经济占领"政策。这一政策的实质，用维特的话说，就是通过经济上的全面渗透，在几十年之后，东北就像颗成熟了的果子，自然而然地落入俄国的手中。这一政策要求沙皇政府要同清政府和东北当局保持良好的关系，少冒国际风险，使东北保持长期的安定内外环境，以便使"果子"自然成熟，达到和平吞并东北的目的。义和团起义打破了维特的美梦，沙皇政府用军事占领代替了经济占领的政策，中俄关系不但急剧恶化了，而且沙俄与英、日的关系也急剧地紧张了起来。在这种情况下，俄国政府考虑到中国人民的顽强抵抗和列强联合干涉的可能性，认识到在东三省立即"实行兼并"和"以俄治华"是危险的，决定保留东三省的行政机构，实行"以华治华"的政策，但必须对东北的行政机构加以"领导和监督"，即中国任命东三省将军（各省最高军政长官）要征得俄国政府的同意，俄国陆军部和外交部要在三省衙署内分别设置全权代表。这就是说，要东北三将军充当俄国政府的傀儡。

按照这一方针，俄国在东北军事当局强迫盛京将军增祺于11月30日签订了《奉天交地暂且章程》。该《章程》规定，盛京将军回任后，负责维持地方治安和保护中东铁路；俄国在将军衙门内设总管一员，凡盛京将军所办要事须告知总管。俄军留驻省城等处，将军和地方官员要负责安排住所和采办粮草。盛京省军队一律解散，营垒一律拆毁；只允许设少量马步巡捕以维持地方治安。营口完全由俄官治理。按这些规定，中国仅仅得到接收盛京省的空名，一切军政大权都操在俄军手里，中国原各级地方官员的职权只是为俄国占领者维持地方秩序，镇压人民反抗和保护东三省铁路而已。

几乎与《奉天交地暂且章程》签订的同时，俄军陆军、财政、外交三部共同拟订了《俄国政府监理满洲原则》，规定关东地区（旅大租借区）俄军司令和阿穆尔军区司令有权分别对盛京省和吉林、黑龙江两省实行总监理，监察三省将军不得有敌视俄国的活动，使三将军致力于维持地方秩序、协助东三省铁路和俄国军队，并且不得采取恢复正规军和加强警察的措施，不得向三省输入武器。三将军处均设俄国"军事委员"和"外交代表"；将军和副都统的任命，中国政府应同俄国公使商定。其他规定与《奉天交地暂且章程》相同。

根据《奉天交地暂且章程》和《俄国政府监理满洲原则》，沙俄军事当局在东三省全境强化军事殖民措施。关东地区首席长官阿列克谢耶夫监理盛京省，阿穆尔总督格罗杰科夫监理吉林、黑龙江二省。三省省城以下各主要城镇，均设各项俄军委员，分掌民政、司法、交涉各要务。三省官民一举一动都受到严格的限制。三省军队被一律强行解散，另设马步巡捕，盛京省6000，吉林4300，黑龙江3000。巡捕不得用炮，穿中俄号衣，打中俄旗帜，枪有俄文火印，每县只有百人左右，以防御盗贼。巡捕每有行动，必须通知俄官，稍有反抗，便被缴械。三省从吏治到兵权完全操在占领者之手。

为使大批俄军常驻东北，俄国政府于1901年2月设立外阿穆尔军区，将原中东铁路护路军扩充为2.5万人，划归军区管辖。军区司令部设在哈尔滨，中东铁路路区为军区辖区，将过去单纯的护路部队改变为正规军的"前沿部队"，即"常驻基干部队"。该部队按俄国陆军部的要求，在铁路沿线建筑了大量的军事设施。这支部队的设立是沙俄强化对中国东三省殖民统治的重要措施。其人数最多时曾达7万人。直到1920年中国政府才将这支部队驱除。

沙俄加强对东三省军事殖民统治的另一项重要措施是实行移民。早在1896年沙皇政府准备在东北修建铁路时，政府中就有人主张，不仅要用军事力量保卫这条铁路，而且要移入俄国人来保卫它，在铁路的所有区域建立俄国政权。俄军占领东北是进行这种移民的绝好机会。俄国军事当局认为，义和团运动的教训就在于东北缺乏俄国移民，决定向东三省铁路沿线移入外贝加尔哥萨克，并在当地建立"士兵村"。沙皇还特许在东北服役的士兵退役后留在原地，在5年内免费回国。在俄军占领东北后不到一年的时间，路区内俄国移民就增至3万余人。沙俄陆军部制定了向东北移 5 万名退役士兵的计划。铁路当局为安插移民强购了 14.37 万俄亩的土地。这些庞大的计划如得到实现，很显然，中国东北不久就会变成真正的"黄俄罗斯"。

《奉天交地暂且章程》和《俄国政府监理满洲原则》的实施，引起了清政府的极大焦虑，决定派李鸿章与俄国方面接触，打开谈判渠道收复东三省。俄国政府为将《暂且章程》和《监理满洲原则》的内容正式纳入中俄两国政府间缔结的条约，也需要与清政府进行谈判。经双方反复协商，最后确定中俄交收东三省的谈判在彼得堡举行。清政府派驻俄公使杨儒为全权大臣，在对俄交涉中要随时同庆亲王奕劻和李鸿章商酌。

1901 年 1 月初，杨儒受命就"废暂约（《奉天交地暂且章程》）和立正约"问题同俄国外交部和财政部进行谈判，他所面临的局势极其严峻。当时包括京津在内的华北大部和东北全部处于外军占领之下，清政府流亡西安，国力已削弱到了极点；杨儒一介使臣，又远处俄京，所面对的又是俄外交、财政、陆军三部强硬的对手，要谈判收复东北，谈何容易！经过近两个月的谈判，俄方始行同意废止《暂约》，接着便开始了"正约"的谈判。俄方于 3 月 12 日抛出约稿十一款，规定俄在路界内驻兵，中国在东北设兵数量和驻地需与俄商定，三省大员"经俄声诉，立即调离"，东三省一切工商利益不得让与别国。正约改变了措词，但并不改变俄国占有东北的实质。俄方限杨儒两周内画押，不得改变约文一字。李鸿章让杨儒酌情画押，更使俄方加重了对杨儒的压力。但杨儒始终坚持，没有清政府的切实旨意决不画押。在国家山河破碎、各方煎迫之中，杨儒忧愤交加，因跌伤病倒，死于任所，为国家和民族的利益鞠躬尽瘁，为我国外交官树立了良好榜样。

杨儒去世，彼得堡谈判中止。清政府决定先议公约（同联军各国订约），后议俄约。1901年9月7日奕劻和李鸿章在《辛丑条约》上签字。据约，沙俄除分享与其他列强的同等侵华特权外，取得了最大份额的赔款，计130371120海关两白银，占赔款总数4.5亿两的净29%。俄国外交大臣拉姆斯多夫承认，1900年的对华战争是历史上少有的"最够本的战争"。

日俄战争与"黄俄罗斯计划"的破产

清政府与联军各国签订《辛丑条约》之后，就交收东北问题在北京开始同俄国代表谈判。这时国际形势发生了重大变化，对俄国十分不利。俄国干涉还辽后，日俄成为宿敌。日本利用从中国勒索的巨额赔款，努力扩充军备，振兴实业，很快成为东方强国。它继续奉行大陆政策，准备控制朝鲜和重返东北，与俄国相抗衡成为其对外政策的核心。如俄国"黄俄罗斯计划"得以实现，日本就永无重返东北的可能，因此俄国占领东北后，日俄矛盾迅速地激化了。俄军占领关内外铁路，强占营口并管理营口海关，处处排挤英国

121

的势力，俄英关系也恶化了。为共同对抗俄国，英日于 1902 年 1 月签订了第一次《英日同盟条约》，规定两国在中国和朝鲜的"特殊利益"在发生他国侵略行动或中、朝内乱而受损害时，两国有权采取必要的防卫措施。该约把中、朝列为他们共同干涉的对象，但更主要的是它把矛头指向了俄国，也就是说英日通过该约结成了对抗俄国的军事同盟。美国为将其资本打入东北，坚持其一贯的"门户开放"政策，也对俄国独占东北表示强烈的不满。这样就使俄国在国际上陷入十分孤立的地位。《奉天交地暂且章程》签订后，中国朝野上下一片哗然，一致要求废止该约，强大的"拒俄运动"迫使清政府不得不对俄国采取强硬立场。富有反抗精神的东北各族人民掀起了以"忠义军"为主体的抗俄武装斗争。俄国占领军解散东三省军队，本为消灭东北的反抗力量，但此举使俄军反而失去了依托，在东北各占领区陷入被动挨打的地位。这一切迫使俄国当局不得不考虑改变他们对东北的占领方式。正是在这种国际和国内的背景下，俄国政府才被迫同意从东北撤军。1902 年 4 月 8 日，历时一年半的中俄交收东北谈判遂宣告结束，双方在北京签订了中俄《交收东三省条约》。

该约规定，从订约之日起，俄军分三期撤出东三省，每期 6 个月。第一期俄军撤出盛京省西南段辽河以西，交还山海关、营口、新民厅之间的铁路；第二期撤出盛京省其余部分及吉林省；第三期撤出黑龙江省。东北治理一如俄军占领之前。但是条约规定，关于中国在东三省驻军的数量和驻地，在俄军撤出之前需同俄国商定；在俄军撤出之后，中国可自行酌定，但军队的增减情况需知照俄国。中国如在东三省南部增修铁路或附设支线，必须与俄国商定。这些规定严重地损害了中国主权。特别是俄国撤出的军队只限于隶属于陆军部的正规军，不包括铁路界内的护路部队以及驻旅大租借地的部队，东三省马步巡捕不得在铁路界内维持治安，使俄国通过无限制地扩大护路军，实际上维持对东三省半军事占领状态，并为俄国夺取路界内警察权制造了条约根据。

1902 年 10 月 8 日，第一期撤军期满，俄军如约从盛京省辽河以西地区撤出，并将山海关至新民厅的铁路移交中国。但当第二期撤军开始后，俄国远东政策发生了重大改变，拒绝撤军，走上了同日英对抗的冒险主义的道路。

辽河以西地区并不关涉俄国的重大利益。但第二期俄军应撤出的盛京和吉林省，东邻朝鲜，南有南满铁路直达京津，是俄国侵华利益集中的地区。是否从这里撤军，在俄国统治集团中发生了激烈的争论。

从实行维特"经济上占领满洲"的方针至 1903 年，俄国共在远东花了 10 亿卢布，其中 40% 用于修建中东铁路。这笔巨额资金东移，削弱了俄国欧洲部分的发展。再朝这条道路走下去，俄国财政上和政治上都将走向破产。另外，日本、美国、英国资本通过牛庄这一开放港口同俄国资本展开了激烈竞争，俄国资本难于匹敌。在这种形势下，俄国政府内借助军队的力量来保证"整个满洲为俄国人所有"的主张占了上风。于是在俄国政府中形成以别佐勃拉佐夫为首的军事冒险集团,将俄国推向了与日本开战的道路。

别佐勃拉佐夫原为五等文官,因其善于结交宫廷权贵,得到沙皇的宠信,很快结成了得到沙皇支持的宫廷黑帮。这个集团带有极为浓重的军事封建帝国主义特色,其主张是:①在朝鲜扩大势力,攫取各种租让权,建立与日本对抗的军事屏障,把夺取中国东北与解决朝鲜问题联系在一起。②确保俄国在远东的军事优势,反对从东北撤军。这些主张都得到沙皇尼古拉二世的批准。1902年12月,正是俄国第二期撤军期间,别佐勃拉佐夫来到东北,沙皇令国库拨出200万卢布的巨款,让别佐勃拉佐夫开办鸭绿江森林租让企业,采伐江两岸中朝两国森林。1903年上半年,别佐勃拉佐夫开始采伐森林,应其所请,从旅大租借地向江畔附近的凤凰城、沙河子派驻了俄军。别佐勃拉佐夫还"广招兵役",与凤凰城等处俄军相呼应。日本密切监视俄国在鸭绿江一带的一举一动,把俄国人的活动看做"在朝鲜建立反日基地"。

与上述对朝鲜的扩张活动相适应,1903年4月初驻辽阳、牛庄(营口)、郑家屯、奉天的俄军"去而复返"。8月,沙皇接受别佐勃拉佐夫的建议,设立远东总督府(于旅顺口),任命阿列克谢耶夫为远东总督,统辖俄外贝加尔地区以东包括阿穆尔、滨海、堪察加、库页岛以及旅大租借地和中东铁路附属地内的军政大权,并负责处理该地区与邻国外交事务,从而将俄国远东地区和中国东北纳入了对日作战体制。这是俄国为对抗日本而采取的重大措施，俄日关系全面恶化了。

日俄矛盾的尖锐化导致了 1903 年下半年到 1904 年初的日俄谈判。日本以尊重中国和朝鲜独立和完整并以保持各国在中朝两国工商业机会均等为名，逼俄国从东北撤军，并想将自己的势力打进东北。而俄国拒绝从东北撤军，对朝鲜则提出在朝鲜 39 度线以北设立中立地带和不把朝鲜领土用于战略目的等限制日本在朝鲜行动自由的要求。尽管两国都是以牺牲中朝两国利益作为讨价还价的筹码，但因双方要求相距甚远，最终导致谈判破裂，日俄战争因而爆发。

1904 年 2 月 8 日，东乡率日本舰队向旅顺口外的俄国军舰发动突然袭击。10 日，日俄两国宣战，日俄战争全面爆发。在袭击俄舰队的同时，日陆军在仁川登陆，随即挥戈北上，于 5 月初渡鸭绿江，侵入中国东北，战争开始在中国东北进行。1905 年元旦，旅顺口俄军对日投降，3 月 10 日日军占奉天（沈阳），5 月 28 日在对马海战中俄国波罗的海舰队葬身海底，日俄战争以俄国彻底失败而宣告结束。

对这场为瓜分中国并在中国进行的战争，清政府却充当"局外中立"的角色。它在战争之初发布上谕说：日俄两国"失和用兵，朝廷轸念彼此均系友邦，为睦谊起见，应按局外中立之例办理"。清政府本想用这种认侵略者为友邦，以神圣领土供敌人作战场的屈从行径来换取双方的"友谊"，但结果适得其反。俄日两国不但不尊重清政府的中立，而且步步紧逼，以最大限度地牺牲中国的利益，作为他们的战争补偿。日本主动发动战争的目的就是夺取东北。俄国也早已认定，如战胜日本，也"只有合并满洲，才是这次战争对俄国的惟一可以看到的报酬"。因此战争期间，俄日两国竞相侵夺中国的主权。阿列克谢耶夫一再向中国盛京当局提出蛮横的要求：中国地方政务守俄国训令；俄国有罢免中国地方官之权，捐税须交于俄国政府，中国军队须受俄国调度，中国地方官须向俄军提供军需，地方居民须保护俄国铁路电话，不得"窝藏匪党"，如有仇俄举动，"定行殄灭"，将25俄里以内各村屯烧杀无遗。根据以上命令，俄军在战区恣意践踏中国主权，中国将军以下各级官员被驱之如马牛，人民惨遭荼毒。俄军战败，日军接踵而至，其侵害人民，蹂躏国权，悉同俄军。

1905年俄日议和，于当年9月5日订立俄日《朴茨茅斯和约》。其中涉及中国主权的内容有：①俄国将包括旅顺口、大连湾在内的辽东半岛租借地及其附属的一切公共财物让与日本；②俄国将由宽城子（长春）至旅顺口的铁路及其一切支线，铁路区域内所附属的一切权利、财产包括煤矿在内一概转归日本；③两国在东三省各自经营铁路，只供商用，但辽东半岛租借地内的铁路不在此内；为保卫各自的铁路，可留守备兵（护路军），每公里不超过15名；④以18个月为限，日俄军队撤出东北。从此，东北三省从沙俄独占的势力范围，变为俄日两国的势力范围。

俄国在日俄战争中的失败，使本国国力一蹶不振，国内革命风起云涌，沙皇专制主义制度垂危待毙。俄国苦心设计和经营的"黄俄罗斯计划"也随之彻底破产。

中国是日俄战争的最大的受害者，俄日议和各端多数关涉中国主权，但中国却不得与闻；两个战争强盗背着中国暗地分赃，把战争的严重后果转嫁给作为"中立国"的中国身上。这说明腐败不堪的清政府已使国家丧失了起码的国格。但这种严重局势促进了中国人民的觉醒，从此反帝反封建的革命运动在中国兴起了。

十一　辛亥革命与沙俄

与日俄战争以前不同，日俄战争后到十月革命这段时间里中俄关系表现出俄国与日本结成同盟共同宰割中国的明显特点。在这段期间，中国爆发了辛亥革命，在欧洲爆发了第一次世界大战，中俄两国关系就是在这种背景下展开的。

为联合侵华而缔结的
四次"日俄密约"

日俄战争改变了日俄两国在远东的力量对比。战后，俄国元气大伤，革命兴起，沙皇专制制度风雨飘摇；为确保在华既得利益，沙皇政府遂谋求对日英妥协。而日本虽在战争中崛起，但也付出了沉重的代价，没有足够的力量将俄国的势力逐出中国，还需要缓和同俄国的矛盾。战后美国依恃其雄厚的资本极力向中国东北扩张势力，成为日俄的共同敌人，促使日俄两个宿敌向一起靠拢。英法为对抗德奥同盟，力促日俄改善关系，这些就为日俄两国结盟创造了国际条件。

最主要的是被他们宰割的中国发生了革命，尽管这次革命还处于旧民主主义阶段，但革命民主派在革命一开始就把矛头指向了帝国主义。为扼杀中国革命的发展，俄日两个仇敌很快地走上了结盟的道路。

第一次日俄密约是 1907 年 7 月 30 日在彼得堡签订的《俄日协定》的秘密部分。其主要内容是：将中国东北三省划为南满和北满两部分，分属日本和俄国的势力范围。日俄协议，双方均不在对方的势力范围内谋取特权，也不阻碍对方在各自的势力范围内寻求特权。俄国承认日本在朝鲜现存的政治关系，"不阻挠此种政治关系之继续发展"；日本承认俄国在中国外蒙古地区的"特殊利益"，不加任何干涉。附款划定了南北满分界线：从俄朝边界西北端起，联结珲春、镜泊湖极北端和秀水甸子，再沿松花江至嫩江口、溯嫩江至洮儿河上游与东经 122°交点止。通过这次密约，实际上日俄两国瓜分了中国东北、外蒙古和朝鲜，自此以后，它们各自在自己的势力范围内放手发展自己的势力。

1909 年美国提出"满洲铁路中立化"政策，由中国向列强借款赎回东北境内的所有铁路，以打破日俄对东北铁路的垄断。这无疑是对俄日在东北的势力范围的最严重的威胁。

1910 年 7 月 4 日，日俄在彼得堡签订了第二次日俄密约，以对抗美国。两国在密约中进一步确认第一次密约所划定的势力范围和两国在各自的势力范围内的特殊利益，并互相担保不以任何方式阻碍对方在其势力范围内巩固及发展特殊利益。如两国特殊利益受到威胁时，两国将采取联合行动或提供援助，以捍卫上述利益。这次密约具有明显的军事同盟色彩，它加快了俄国侵略中国北满、蒙古和新疆等地的步伐，使日本加强了在南满的地位，并得以放手吞并朝鲜。

第三次日俄密约于1912年7月8日签订于彼得堡，主要是划定了日俄在中国内蒙古和东三省西部的势力范围。此次密约将第一次密约的分界线，从洮儿河与东经122°交点起，沿交流河和归流河至归流河与哈尔达台河分水岭，再沿黑龙江与内蒙古边界至内外蒙古分界线末端，线南北分属日俄势力范围。再以东经116°27″将内蒙古分为东西两部分，东部属日本势力范围，西部属俄国势力范围。通过这次密约，俄日进一步将势力深入到内蒙古。至此，日俄两国将中国东北和内、外蒙古地区瓜分完毕。

第一次世界大战爆发后，俄国为应付对德作战并保住侵华权益，急需与日本结成同盟。日本为抢夺德国在华利益也需要俄国支援。于是两国于1916年7月3日在彼得堡签订了第四次日俄密约。主要内容为：两国为使中国不落入任何敌视日俄的第三国政治势力之下，必要时开诚协商，制定办法，以阻止这种情况发生；缔约国一方如与上指第三国宣战时，另一方一经请求，即予以援助，两缔约国未得彼此同意之前，不得单独媾和；实行军事合作的条件与方法，由两国主管当局确定；本约有效期至1921年7月14日止。这次密约将日俄势力范围从东北和内、外蒙古地区扩大到整个中国，并准互相以武力支援来"保卫"它们的侵华权益，从而使俄日正式结成军事同盟。

俄国与日本结成同盟后极大地改善了其在远东的地位，放手在中国广大北疆进行侵略活动。中国西起新疆，东抵北满，又出现了严重的边疆危机。

 ## 沙俄强化对中东铁路路区的殖民统治与呼伦贝尔"独立"

日俄战争后，俄国在中国东北地区的侵略势力都集中在北满。留在北满铁路区域的外阿穆尔军区护路军占据北满腹地，旁控内外蒙古。由于沙俄力求保住在东北的地盘并积极向蒙古地区扩张，该军区地位变得更加突出了。因此，从日俄战争以后到辛亥革命时期该军区得到迅速发展。1911 年 10 月辛亥革命爆发，俄国为预防北满地区发生革命，并乘机向外蒙古扩张，以武力阻止中国地方当局就范，向本已强化了的外阿穆尔军区又紧急调入大批野战部队。至第一次世界大战前夕，铁路沿线共驻俄步兵 3 个旅，骑兵 6 个团，炮兵 1 个旅，共 7 万余人，仅哈尔滨就驻扎 3 万余人。这批俄军以哈尔滨为中心，分驻于铁路东、西、南各线要冲，特别是在铁路西线所穿越的内蒙古和邻近外蒙古的边缘地区所屯驻的部队占了相当大的比重。这种军事布局表明了沙俄准备吞并中国北满和肢解内外蒙古的深远意图。俄外阿穆尔军区司令部驻哈尔滨，辖中东铁路满洲里至绥芬河和由哈尔滨至长春段铁路地带。该军区司令马尔蒂诺夫认为：俄国阿穆尔和滨海地区适于农牧业的空间有限，北满是以上地区各种物产资源的天然补给地；从军事方面看，从外贝加尔到太平洋，只有哈尔滨一地可以自由地调动大批军队；一旦失去了北满，俄国自然就失去全部沿阿穆尔地区，"北满是我国（俄国）全部远东地区的战略锁钥"。基于这种认识，他积极准备吞并北满，并向呼伦贝尔和东蒙古地区扩张势力。

铁路沿线屯驻大批护路军为俄国在路区设立警察、法庭、市政等各种殖民机构提供了保障。早在 1900 年夏，俄铁路当局首先在哈尔滨建立了警察组织；1903 年中东铁路全线通车后，在哈尔滨正式设立了警察局，在各区段共设 7 个分局。1907 年沙皇政府决定，路区警察以铁路公司名义活动，但其公务则属于俄内政大臣领导。1908 年经沙皇批准，在路区又设立了铁路警察局，该局归俄内政部和警察署领导。以上俄国警察与护路军互为表里，护路军将其防卫目标集中于中国武装部队，警察则主要针对路区内的中俄人民和客车旅客。两者相互辅助大大加强了俄国在路区的殖民统治。

最初，铁路区域内俄国人案件分别归赤塔、海参崴、旅顺口三处地方法院审理。日俄战争之后旅顺口地方法院迁到哈尔滨。1913 年在哈尔滨正式设立检察、审判两厅，铁路沿线设初级审判厅 11 处，在哈尔滨、海拉尔、博克图、横道阿子各设监狱一所，从此俄国在路区建立起完备的司法机构。铁路界内凡俄国人案件一律由俄国法庭审理，关于中国各类人员的案件由铁路界会审，中国在路界内的司法权被全部剥夺。

1907 年俄国铁路当局根据俄国政府的规定，在哈尔滨设置了自治会。自治会设议员 60 名组成市议会，议会上设董事会，即市政府，管理市政，征收捐税，发布行政命令。中国政令在路界内遂不得通行。

这样，沙皇政府就在北满腹心地带建立起一个军事殖民地。中国整个北满地区面临被鲸吞的危险。

俄国在北满腹地建立起牢固的军事殖民统治之后，便将触角伸向呼伦贝尔地区。

呼伦贝尔位于黑龙江省西部，面积约占全省 1/4，西北以额尔古纳河与俄国为界；森林丰茂，水草肥美，金、煤等地下资源极为丰富；当地居民以蒙古族巴尔虎人为最多。

1911 年 12 月初，趁辛亥革命发生，外蒙古反动王公宣布成立"独立国"。马尔蒂诺夫随即为呼伦贝尔蒙旗头目胜福提供武器弹药，策动其发动民族叛乱。1912 年 1 月 15 日，胜福叛军在俄国军官指挥下攻占呼伦城（今海拉尔市），随后转攻胪滨府（今满洲里市）。胪滨知府张寿增率防营反击，击毙击伤俄军多名，打退了来犯者。2 月 4 日，俄护路军会合蒙军，再攻胪滨。张寿增撤出，但仍坚持抵抗。胜福纠集的叛军有战斗力者不过 200 人，平叛本来易如反掌。但俄军参战和俄国领事出面干涉，迫使中国当局收回平叛的成令，反把张寿增调回省城。于是胜福得逞，呼伦贝尔遂宣告"独立"。在北京政府同俄国一再交涉下，两年后呼伦贝尔取消了"独立"。但中央政府不经呼伦贝尔当局认可不能派兵。而俄国外阿穆尔军区却在呼伦贝尔路界内屯驻大量军队,呼伦贝尔完全处于俄国控制之下,当地资源任其掠夺。由于发生第一次世界大战,外阿穆尔军区护路军调往欧洲战场,中国政府才逐步收复了呼伦贝尔的主权。

3 《中俄声明文件》的签订与 外蒙古"自治"

第一次日俄密约签订后,我国广袤的外蒙古地区已落入沙俄的势力范围。一些关心边疆事务的清朝官员,如岑春煊、程德全等提议,在外蒙古推行"新政"以对抗沙俄的进逼。1909年冬"新政"开始推行,主要内容是兴办学校、开放蒙荒、筹练新军、筹建张恰铁路(张家口至恰克图)等。"新政"如获成功,中国千里蒙疆将得到巩固,沙俄多年积聚的侵略势力将被赶出,于是沙皇政府抓紧策划民族分裂活动,企图把外蒙古从中国分裂出去,以达到长期控制外蒙古的目的。在沙俄的唆使下,活佛哲布尊丹巴派土谢图汗部亲王杭达多尔吉秘密前往彼得堡寻求沙皇"庇护",沙皇政府遂借以通过外交途径支持外蒙古"独立",被清政府断然拒绝。

武昌起义爆发后,沙俄认为机会到来,其驻华公使廓索维慈派人密告外蒙古封建主"不要放过中国发生革命这个非常有利的机会来保证喀尔喀(外蒙古)

的独立发展"。俄国陆军部命令伊尔库茨克军区把1.5万支步枪、750万发子弹和1.5万把军刀运往库伦，交给准备发动叛乱的蒙古王公，同时向库伦至乌丁斯克一线增派大量军队。很快在库伦以北至乌丁斯克各村镇都屯驻了大批俄军，如有需要，在旬日之内"即可数万兵力，集结库伦"。

在沙俄的支持下，哲布尊丹巴等于1911年12月1日宣布外蒙古"独立"。这一民族分裂活动引起举国上下的一致反对。孙中山先生在中华民国临时大总统就职典礼上庄严宣告："国家之本在于人民，合汉、满、蒙、回、藏诸地为一国，如合汉、满、蒙、回、藏诸族为一人，是曰民族之统一。武昌起义，十数行省先后独立，所谓独立者，对于满清为脱离，对于各省为联合，蒙古、西藏意亦如此。"这一文告表达了全国人民维护祖国统一、反对民族分裂的一致立场。

沙俄不顾中国人民的强烈反对，于1912年11月3日与外蒙古当局非法签订了"俄蒙协约"。该约规定俄国帮助外蒙古维护"自治"权、编练蒙军，不许华军入境，不许华人移入蒙地；外蒙古当局如与中国或其他国家订约，未经俄国同意，不得变更本协约所定条款。另据俄蒙"商务专约"，俄国又取得了大量经济特权。十分明显，外蒙古的这种"沙俄式的解放"实质是走上了沦为沙俄殖民地的道路。

11月7日北京政府向俄国提出严重抗议，宣布"俄蒙协约"无效。从此围绕废约问题，中俄展开了激烈的外交斗争。

　　袁世凯就任大总统后，为取得俄国外交支持，决心对俄妥协。1913 年 11 月 4 日，他悍然解散了国民党，取消国民党议员的资格，排除了他对俄实行妥协的阻力。第二天，即 1913 年 11 月 5 日，关于外蒙古问题的《声明文件》于北京签字。《声明文件》主要内容为：俄国承认中国在外蒙古的宗主权；中国承认外蒙古"自治"，承认其有自行办理内政及一切工商事宜的专权；中俄两国均不得在外蒙古驻军和移民。同日，中俄以换文的形式订立《声明另件》，其主要内容有：俄国承认外蒙古为中国领土的一部分；凡关于外蒙古政治、土地交涉事宜，中国允与俄国协商，外蒙古亦不得参与；外蒙古自治区域以前清时代库伦办事大臣、乌里雅苏台将军与科布多参赞大臣辖境为限。

　　根据《声明文件》以上规定，库伦当局完全变成了沙皇俄国的傀儡政权，使俄国获得了操纵外蒙政治、经济的"条约根据"，中国在这些方面的权利被剥夺殆尽。《声明文件》虽载明"俄国承认外蒙古土地为中国领土之一部分"，但实际上对俄国并无任何约束力。俄国驻库伦总领事密勒尔公然声称："外蒙为中国领土，不过条约上之名词。"这句话暴露了沙俄侵略者对中国领土主权的真实态度。

 沙俄违约侵占唐努乌梁海

　　唐努乌梁海（俄名唐努图瓦，现为俄罗斯联邦图瓦自治共和国），其实是一个群山环绕的大盆地，与海无关。它位于外蒙古西北，北至萨彦岭，南接唐努山，蓝色的叶尼塞河上游流经其境，面积 17 万多平方公里；居民以乌梁海人为主，1913 年统计共有 5.2 万余人，主要从事畜牧业；矿产有金、铁、铜、煤等，森林无边，盛产狐貂等名贵毛皮，是中国西北边陲的一块极为美丽富饶的土地。

沙俄强占中国其他地区的领土，先是武力强占，之后逼签不平等条约，最后加以归并，如黑龙江以北的土地是沙俄通过逼签《瑷珲条约》割取的，乌苏里江以东的土地是通过逼签《北京条约》割占的；巴尔喀什湖以东、以南的土地是通过逼签《北京条约》和《勘分西北界约记》割占的等，但唐努乌梁海却是没有通过任何条约，是沙俄违反中俄条约侵占的。

1723 年中俄《布连斯奇条约》和 1728 年中俄《恰克图条约》都明确规定中俄以萨彦岭为界，萨彦岭以南的唐努乌梁海是中国领土。即使根据《北京条约》和《勘分西北界约记》，唐努乌梁海西北端所正式设立的沙宾达巴哈界牌也是中俄之间的正式国界标志，这就明确规定该界牌以南、以东的唐努乌梁海是中国领土。

最初，俄国通过商业贸易将势力深入唐努乌梁海。19 世纪 40 年代就有·些邻近的俄国商人越境，进行掠夺性贸易。1862 年中俄《陆路通商章程》关于两国边境百里以内及蒙古各处贸易免税的规定，使俄商纷至沓来，并开始在唐努乌梁海各地建立商站，从此俄国势力便在这里盘踞下来。贸易额也迅速扩大，至 1907

年达 65 万卢布。在进行掠夺性贸易的同时，俄商又开始盗采金矿，到 1910 年被盗采的金矿达 18 座，待开采的 30 座。随着工商业的发展，俄国开始向唐努乌梁海移民，强占土地，建造房屋，经营农牧业。

俄商对当地居民的贸易完全是掠夺型的。除了不等价的贸易，如一盒火柴换一只羊外，普遍采用高利贷"赊销"形式，如届期无力偿还，过一年就要增加贷款的一倍。许多欠债人因无法偿还债务而沦为俄商的终生奴隶。因此乌梁海人对俄国殖民者恨之入骨，多次举行暴力反抗，袭击和烧毁俄国商站，夺回被抢走的牛羊和财物。

清政府对俄人非法建立商站和移民曾不断进行交涉，如乌里雅苏台将军麟兴于 1867 年向沙俄驻库伦总领事进行交涉，对俄国在唐努乌梁海建商站事提出质问。1868 年麟兴再次约会俄驻库伦领事，要求俄国政府约束俄人，"不准（在唐努乌梁海地区）盖房种地"。1885 年俄人擅在图兰河畔着手建立俄人居住的图兰镇，并向中国官吏行贿。中国乌里雅苏台当局一面严惩受贿官员，一面向俄方提出抗议。但沙俄当局利用中国鸦片战争后的软弱地位，对这些抗议或支吾搪塞，或置之不理，对唐努乌梁海加紧进逼。特别是中日甲午战争以后，沙俄利用中国的困难处境，趁机在唐努乌梁海展开更猖獗的殖民活动。截至 1907 年，俄国的非法移民已多达 2100 余人，并强行建立了大小百余个村镇。这些外来入侵者疯狂地掠抢当地居民的土地，例如在乌尤克河河谷萨菲亚诺夫家族的一个寡妇的庄园就占地 1 万俄亩，拥有 2500 匹马。该家族另一个成员拥有 4000 匹马，3000 头牛，小牲畜不计其数。他的畜群在沿河谷 50 俄里的草原上放牧，庄园四周是大片的耕地和刈草场。像这样的大庄园就有 86 个。

随着俄国殖民规模的扩大，占领唐努乌梁海问题被提上沙皇政府的议事日程。1908 年因中国乌里雅苏台将军命令乌梁海总管对俄国殖民者采取了限制措施，沙俄当局派波波夫上校率俄军闯入唐努乌梁海，攻占并焚毁了中国哨所，迈出了武装强占唐努乌梁海的第一步。第二年，沙皇政府派波波夫率考察队越境"考察"，在考察过程中焚毁了察布齐雅勒达坝的界牌。清政府要求修复界牌，俄国驻华公使断然拒绝，宣称唐努乌梁海"是有争议的地区"。

辛亥革命爆发后沙俄加紧了吞并唐努乌梁海的步伐。1912 年 2 月，袁世凯爬上临时大总统的宝座，沙俄趁机勒索，扩大侵华权益，以此作为支持袁政府的条件。在清帝退位的前一天，俄国驻华代办谢金急电俄外交部，坚决主张"立即占领乌梁海边区"。沙皇尼古拉二世亲自批示，他完全同意谢金的意见。2 月末唐努旗总管贡布多尔济在俄国殖民当局的怂恿下宣布在"大俄国保护"下"独立"，并请求俄国出兵占领唐努乌梁海各地。但萨拉吉克和托锦等旗强烈反对，贡布多尔济完全陷入孤立。沙俄考虑到马上实行军事占领不会得到乌梁海人民的同情和支持，便于 1913 年 3 月设置"乌梁海边区事务专员"，对唐努乌梁海各旗进行分化瓦解，一部分旗的总管在殖民者的高压下被迫同意沙俄的保护。1914 年沙皇任命格里戈里耶夫为"乌梁海边区事务专员",授予他和殖民地总督同等的权利。他上任后,对不服从"保护"的各旗进行血腥的"讨伐",把乌梁海人民的反抗斗争镇压下去。1915 年沙俄殖民当局颁布通告,宣布一切案件均由俄国法院按俄国法律审理,昔日中国政府发给各旗官员的印信全部被收缴,从此唐努乌梁海地区沦为沙俄的殖民地。它名义上虽未同俄国合并,但事实上已经成为俄国西伯利亚的一个新省份。

1915 年北京政府据约派员赴唐努乌梁海驻扎,因被俄阻止未能入境。1916 年末,中国驻俄公使刘镜人再次向俄国政府交涉,要求在唐努乌梁海设佐理员,但俄方表示该处已归俄国"保护",不允许中国官员前往行使职权。这样唐努乌梁海 17 万多平方公里的土地,就被沙俄违约强行侵占了。

十二　中俄两国人民的
相互同情与支持

　　从 17 世纪中叶到 1917 年俄国十月革命胜利，中俄关系经历了 250 余年的历史。以鸦片战争为限，中俄关系史大体上可划分为两个阶段：鸦片战争以前，中俄两国是平等相处的关系；鸦片战争以后俄国对中国是侵略和压迫的关系。但无论是哪个阶段，中俄两大民族、两国人民从未停止友好往来。特别是越到后期——中俄两国都开始酝酿和发生社会革命的时期，两大民族迅速地接近了，他们将一般的友好往来转化为相互同情和支持。

　　中俄国土相连，这一地缘优势成为两国割不断的相互交往的重要纽带。俄国地跨欧亚两洲，被俄国学者喻为"欧亚之桥"。早在元代，中国文明广泛地传入欧洲，当时地域仅限于东欧的俄罗斯就是传播这些文明的重要渠道。进入清代，两国逐步接壤之后，两国更加扩大了直接交往的机会，不管是正常的经贸和文化往来，甚至是摩擦、纠纷，乃至边境战争，都为两国人民的接触提供了机会。最早定居北京的俄罗斯人就是雅克萨战争中被俘的哥萨克，他们被编入八旗，享受与旗人同等的待遇，在中国娶妻生子，死后埋在中国的土地上。19世纪末至20世纪初，特别是在第一次世界大战期间，两国人民互相进入对方国家的人数就更多了。第一次世界大战末，仅哈尔滨一地俄国人最多时曾达到40万，华工进入俄国累计达200万人之多。这些居住在对方国家的人民，各自将自己国家的文化传统和生活方式带入了对方国家，极大地加深了两国人民的相互了解。人民之间接触的扩大，了解的加深，是互相同情和支援的重要前提。

俄罗斯的政治经济中心在欧洲，但其历史传统更接近东方国家；加之它曾长期受鞑靼人统治的影响以及在16世纪后领土向东方扩张，又吸收大量的亚洲民族的文化，俄罗斯在相当大的程度上具有亚洲国家的特征。俄罗斯在综合历史因素的制约下选择了等级制的专制主义帝国制度。皇权至上、大俄罗斯民族优越感在很长的历史时期内在社会意识形态中占支配地位。但到了19世纪末和20世纪初，中俄两大民族都对自己国家的政治制度和文化传统产生了危机感。中华民族的危机感是包括沙俄在内的西方列强的侵略和压迫造成的，而俄罗斯民族的危机感则是俄罗斯专制主义发动对外战争，特别是日俄战争和第一次世界大战引发的。中俄两国，一个受外来侵略，一个对外扩张，原因迥异，但殊途同归，所导致的结果完全相同，即唤起本国人民奋起推翻专制主义帝国制度和更新本民族的社会意识形态。这种共同的民族命运推动中俄人民相互之间产生了深切的同情。

俄罗斯民族酷爱自己的语言和自己的祖国，以及自己的光荣传统，富有民族同情心和使命感。但是长期的君主专制主义的国家体制将俄罗斯人这种正当的民族自豪感引向了大俄罗斯民族沙文主义。沙皇政权对内无限加强专制主义统治，对外不断发动战争，打着民族和国家的旗帜，煽动民族沙文主义，把自己的国家和民族拖入了绝境。不清除大俄罗斯沙文主义，俄罗斯就没有出路。因此列宁在发动俄国革命的同时，无情地批判了民族沙文主义。他教育俄罗斯人民要"以最坚决、最彻底、最勇敢、最革命的态度来坚持一切受大俄罗斯人压迫的民族享有完全平等和自决的权利"，要把俄罗斯变成"一个自由的、独立的、民主的、共和的、足以自豪的国家，按照人类平等的原则，而不是按照败坏伟大民族声誉的农奴制特权的原则对待邻国"。列宁进而确定了全世界无产者与被压迫民族联合起来的伟大思想，将俄罗斯民族自豪感改造和提高为革命的民族自豪感。这样，俄罗斯民族与被压迫民族就有了契合点。

深受西方帝国主义侵略与压迫的中国人民为列宁倡导的民族平等思想所鼓舞。具有 5000 年悠久历史和文化传统的中华民族懂得了如何发扬自己真正的爱国主义精神：必须汲取先进思想，革新民族精神，联合世界上一切平等待我之民族，共同奋斗。这样，中俄两大民族精神就契合起来了。

俄罗斯人民对中华民族命运的深切同情的声音是

列宁发出的。早在 1900 年他就在《火星报》的创刊号上发表了《中国的战争》专题论文，愤怒地谴责了沙皇政府镇压义和团运动、发动侵华战争的罪恶行径。他指出，沙皇政府发动的这次侵华战争：

> 与其说是战胜了敌人的正规军，不如说是战胜了中国的起义者，更不如说是战胜了手无寸铁的中国人。淹死和屠杀他们，不惜残杀妇女，更不用说抢劫皇宫、住宅和商店了。

列宁为中国人民和义和团起义进行了辩护，对西方国家制造的中国人野蛮、仇视西方文明等谬误进行了坚决驳斥。他写道，义和团运动正是西方列强瓜分中国所引起的，根本不是所谓的中国人因仇视西方文明所引起的。中国人憎恨的是哪一种欧洲人呢？不是憎恶欧洲人民，"因为他们之间并无冲突，他们是憎恶欧洲资本家和惟资本家之命是从的欧洲各国政府"。欧洲的资本家们把贪婪的魔掌伸向了中国，俄国是最先伸出魔掌的国家。它占领了中国的旅顺口，并且在俄国的军队保护下修筑中东铁路，欧洲各国政府一个接一个地拼命掠夺中国的领土。可是，一旦中国试图进行反抗，

> 它们就像野兽一样猛扑到他身上。它们杀人放火，把村庄烧光，把老百姓驱入黑龙江中活活淹死，枪杀和刺死手无寸铁的居民和他们的妻子

儿女。就在这些基督教徒立功的时候，他们却大叫大嚷反对野蛮的中国人，说他们胆敢触犯文明的欧洲人。

这些文字一针见血地揭露了包括俄国在内的西方列强发动八国联军侵华战争的真正原因，并阐明了义和团起义的正义性。在列强的联合镇压下处于孤立无援境地的中国人民听到了来自俄罗斯人民的正义呼声，得到了俄国无产阶级的同情，是何等的欣慰啊！

进入 20 世纪初，中华民族开始觉醒。以孙中山为代表的中国资产阶级革命派发动了一次又一次的武装起义，一场轰轰烈烈的资产阶级民主革命在神州大地酝酿成熟了。列宁时刻注意中国革命发展的动向，对中国革命给予高度的评价并寄予无限的希望。1912 年列宁在《涅瓦明星报》第 17 期发表了《中国的民主主义与民粹主义》一文，对孙中山的重要论文《中国革命的社会意义》做了精辟的评论。该刊还同时发表了孙中山论文的译文。列宁称赞孙中山是革命的民主主义者，充满了一个蓬勃向上阶级"所固有的高尚精神与英雄气概"；称赞孙中山的论文是"伟大中国民主主义的政纲"，战斗的真实的民主主义渗透于这一政纲的每一行。它是"带有共和国要求的完整的民主主义"。列宁根据政纲所体现出来的思想，热情洋溢地称赞了伟大的中国人民。他写道：

摆在我们面前的是一个真正伟大的人民的真

正伟大的思想体系；这个伟大的人民不仅善于悲叹自已成百年的奴隶地位，不仅善于梦想自由和平等，而且还善于同中国成百年的压迫者作斗争。

这些充满激情的话语和西方殖民者及其辩护士们对中国人民横加污蔑的语言形成了多么强烈的对比！列宁还敏感地注意到了辛亥革命最凶恶的敌人袁世凯的叛卖活动。他指出，皇帝要联合封建势力准备复辟，刚好才从自由保皇派变为自由共和派的资产阶级代表袁世凯，"将进行一种在帝制与革命之间操纵的政策"。后来的事变完全证实了列宁的预见。在 20 世纪初，欧洲资产阶级因惧怕日益增长和日益强大的无产阶级，便支持一切落后的、衰亡的中世纪的东西；而在亚洲，到处都增长着、扩大着和巩固着强大的民主运动。列宁将这种情况称作是"落后的欧洲与先进的亚洲"，并以此为题撰写了声援中国革命的著名论文。列宁热情地为先进的亚洲欢呼，并对欧洲国家扼杀中国革命运动进行严厉谴责。他写道：

在亚洲……几亿人觉醒起来，趋向于生活、光明、自由。这个世界运动在一切知道只有经过民主主义才能达到集体主义的觉悟工人的心中，引起了何等的高兴呵！一切诚实的民主主义者对于年青的亚洲是抱着何等的同情呵！而"先进的"欧洲呢？它却在掠夺中国，在帮助中国民主主义的敌人，在帮助中国自由的敌人呀！

列宁的声音是俄国工人、农民和普通劳动者的声音，也就是说是俄罗斯民族的声音。在同国内外敌人进行殊死斗争的孙中山和以他为代表的中国革命民主主义者们得悉有俄国人民、俄国人民革命领袖列宁的同情支持，便打破了国际孤立感，并极大地增强了对革命的必胜信心。

孙中山未能同列宁见过面。但通过他们的革命学说和革命实践活动，他们之间建立起深厚的友谊。1917年俄国十月革命胜利，引起了帝国主义的恐慌，它们对十月革命和列宁进行了恶毒的诽谤和攻击。正是在这种情况下，孙中山于1918年首先对俄国这次大革命表示同情和支持。他致电列宁，热烈祝贺十月革命的伟大成功。俄国人民十分珍视这一来自伟大中国人民革命领袖的祝贺，将它和列宁赞扬中国革命和孙中山的重要论文作为中俄人民友谊的重要文献珍藏在列宁博物馆里。中俄两大民族通过列宁与孙中山的友谊沟通了彼此的民族感情。也正是中俄民族感情的沟通，使孙中山后来制定的联俄、联共、扶助农工三大政策得到了中国人民的热烈拥护。

19世纪末俄国西伯利亚大铁路的修建需要大批劳动力，大批华工应募前往俄国。特别是在第一次世界大战期间，华工承担着俄国国内最繁重的工作。他们不仅含辛茹苦地劳动，开发和建设俄国辽阔的土地，而且还与俄国工农大众一起参加革命斗争，无私地支援俄国人民。

前已提及，在19世纪末到第一次世界大战末累计到达俄国的华工和华侨人数多达 200 万。这期间除回国和辗转到其他国家的以外，在十月革命前夕，仅滞留在俄国欧洲部分的华人至少有 40 万人，其中华工就有 30 万人，主要分布在摩尔曼斯克铁路、乌拉尔矿山、顿巴斯矿井、白俄罗斯和卡累利阿芬兰森林采伐区、彼得格勒和敖得萨等城市的工厂。他们与俄国工人共同受到资本家的压迫和剥削，在俄国革命斗争的影响下，与俄国工人一起展开了罢工斗争。1915 年 11 月古巴霍夫斯基煤矿的华工发生工潮；1916 年 2 月米阿斯区煤矿的华工举行了罢工，在乌苏里地区的矿场俄中工人举行了联合罢工；1916 年 5 月阿拉巴耶夫斯基森林采伐区有 2600 多华工举行了罢工。1916 年秋，在接近前线的奥尔沙、明斯克等地的中国工人还举行了起义。在摩尔曼斯克发生的几次大罢工中都有中国工人参加。这一系列的罢工和起义为中国工人直接参加十月革命在政治上和组织上做好了准备。

俄国十月革命爆发后，中国工人的积极分子毫不犹豫地投身于革命行列，他们参加了彼得格勒、莫斯科、皮尔姆等地的赤卫队。其中彼得格勒造船厂的华工还参加了攻打冬宫的战斗。有的华工战士担任了列宁的警卫，有些人还进入捷尔任斯基领导的契卡工作。1917 年 11 月，大批华工加入了莫斯科赤卫队。在明斯克地区森林采伐场的华工主动与巴赫马契的赤卫队取得联系，派出 1000 名华工参加了赤卫队，其中一部分被编入莫斯科赤卫队，另一部分被派往高加索同反革命作战。1918 年协约国开始对苏俄进行武装干涉后，大批华工踊跃参加红军，红军队伍中的华人营、华人团应运诞生。他们转战苏俄各地，有的华人营立下了赫赫战功。不少华人战士立功受奖，荣获列宁勋章和红旗勋章，有的成为连级、营级、团级指挥员。还有许多战士把生命贡献给苏俄革命事业，长眠在俄罗斯的土地上。这些身在异邦的中华儿女，与俄国人民同命运、共呼吸，为中俄两大民族的友谊作出了重大贡献。

孙中山与列宁的伟大友谊，中俄人民相互同情和支持，为十月革命后新的中苏关系的确立奠定了坚固的基石。

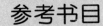

参考书目

1. 中国社会科学院近代史研究所：《沙俄侵华史》第
   1～4卷，人民出版社，1976～1990。

2. 孟宪章主编《中苏贸易史资料》，中国对外经济贸
   易出版社，1991。

3. 佟冬主编《沙俄与东北》，吉林文史出版社，1985。

4. 薛衔天：《中东铁路护路军与东北边疆政局》，社会
   科学文献出版社，1993。

5. 李永昌：《旅俄华工与十月革命》，河北教育出版
   社，1988。

6. 《中苏友好文献》，人民出版社，1953。

《中国史话》总目录

系列名	序号	书名	作者
物质文明系列（10种）	1	农业科技史话	李根蟠
	2	水利史话	郭松义
	3	蚕桑丝绸史话	刘克祥
	4	棉麻纺织史话	刘克祥
	5	火器史话	王育成
	6	造纸史话	张大伟　曹江红
	7	印刷史话	罗仲辉
	8	矿冶史话	唐际根
	9	医学史话	朱建平　黄　健
	10	计量史话	关增建
物化历史系列（28种）	11	长江史话	卫家雄　华林甫
	12	黄河史话	辛德勇
	13	运河史话	付崇兰
	14	长城史话	叶小燕
	15	城市史话	付崇兰
	16	七大古都史话	李遇春　陈良伟
	17	民居建筑史话	白云翔
	18	宫殿建筑史话	杨鸿勋
	19	故宫史话	姜舜源
	20	园林史话	杨鸿勋
	21	圆明园史话	吴伯娅
	22	石窟寺史话	常　青
	23	古塔史话	刘祚臣
	24	寺观史话	陈可畏

系列名	序号	书名	作者	
物化历史系列（28种）	25	陵寝史话	刘庆柱	李毓芳
	26	敦煌史话	杨宝玉	
	27	孔庙史话	曲英杰	
	28	甲骨文史话	张利军	
	29	金文史话	杜勇	周宝宏
	30	石器史话	李宗山	
	31	石刻史话	赵超	
	32	古玉史话	卢兆荫	
	33	青铜器史话	曹淑琴	殷玮璋
	34	简牍史话	王子今	赵宠亮
	35	陶瓷史话	谢端琚	马文宽
	36	玻璃器史话	安家瑶	
	37	家具史话	李宗山	
	38	文房四宝史话	李雪梅	安久亮
制度、名物与史事沿革系列（20种）	39	中国早期国家史话	王和	
	40	中华民族史话	陈琳国	陈群
	41	官制史话	谢保成	
	42	宰相史话	刘晖春	
	43	监察史话	王正	
	44	科举史话	李尚英	
	45	状元史话	宋元强	
	46	学校史话	樊克政	
	47	书院史话	樊克政	
	48	赋役制度史话	徐东升	

系列名	序号	书　名	作　者
制度、名物与史事沿革系列（20种）	49	军制史话	刘昭祥　王晓卫
	50	兵器史话	杨　毅　杨　泓
	51	名战史话	黄朴民
	52	屯田史话	张印栋
	53	商业史话	吴　慧
	54	货币史话	刘精诚　李祖德
	55	宫廷政治史话	任士英
	56	变法史话	王子今
	57	和亲史话	宋　超
	58	海疆开发史话	安　京
交通与交流系列（13种）	59	丝绸之路史话	孟凡人
	60	海上丝路史话	杜　瑜
	61	漕运史话	江太新　苏金玉
	62	驿道史话	王子今
	63	旅行史话	黄石林
	64	航海史话	王　杰　李宝民　王　莉
	65	交通工具史话	郑若葵
	66	中西交流史话	张国刚
	67	满汉文化交流史话	定宜庄
	68	汉藏文化交流史话	刘　忠
	69	蒙藏文化交流史话	丁守璞　杨恩洪
	70	中日文化交流史话	冯佐哲
	71	中国阿拉伯文化交流史话	宋　岘

系列名	序号	书 名	作 者
思想学术系列（21种）	72	文明起源史话	杜金鹏 焦天龙
	73	汉字史话	郭小武
	74	天文学史话	冯 时
	75	地理学史话	杜 瑜
	76	儒家史话	孙开泰
	77	法家史话	孙开泰
	78	兵家史话	王晓卫
	79	玄学史话	张齐明
	80	道教史话	王 卡
	81	佛教史话	魏道儒
	82	中国基督教史话	王美秀
	83	民间信仰史话	侯 杰 王小蕾
	84	训诂学史话	周信炎
	85	帛书史话	陈松长
	86	四书五经史话	黄鸿春
	87	史学史话	谢保成
	88	哲学史话	谷 方
	89	方志史话	卫家雄
	90	考古学史话	朱乃诚
	91	物理学史话	王 冰
	92	地图史话	朱玲玲

系列名	序 号	书 名	作 者
文学艺术系列（8种）	93	书法史话	朱守道
	94	绘画史话	李福顺
	95	诗歌史话	陶文鹏
	96	散文史话	郑永晓
	97	音韵史话	张惠英
	98	戏曲史话	王卫民
	99	小说史话	周中明　吴家荣
	100	杂技史话	崔乐泉
社会风俗系列（13种）	101	宗族史话	冯尔康　阎爱民
	102	家庭史话	张国刚
	103	婚姻史话	张　涛　项永琴
	104	礼俗史话	王贵民
	105	节俗史话	韩养民　郭兴文
	106	饮食史话	王仁湘
	107	饮茶史话	王仁湘　杨焕新
	108	饮酒史话	袁立泽
	109	服饰史话	赵连赏
	110	体育史话	崔乐泉
	111	养生史话	罗时铭
	112	收藏史话	李雪梅
	113	丧葬史话	张捷夫

系列名	序号	书名	作者	
	114	鸦片战争史话	朱谐汉	
	115	太平天国史话	张远鹏	
	116	洋务运动史话	丁贤俊	
	117	甲午战争史话	寇伟	
	118	戊戌维新运动史话	刘悦斌	
	119	义和团史话	卞修跃	
	120	辛亥革命史话	张海鹏	邓红洲
	121	五四运动史话	常丕军	
	122	北洋政府史话	潘荣	魏又行
	123	国民政府史话	郑则民	
	124	十年内战史话	贾维	
近代政治史系列（28种）	125	中华苏维埃史话	杨丽琼	刘强
	126	西安事变史话	李义彬	
	127	抗日战争史话	荣维木	
	128	陕甘宁边区政府史话	刘东社	刘全娥
	129	解放战争史话	朱宗震	汪朝光
	130	革命根据地史话	马洪武	王明生
	131	中国人民解放军史话	荣维木	
	132	宪政史话	徐辉琪	付建成
	133	工人运动史话	唐玉良	高爱娣
	134	农民运动史话	方之光	龚云
	135	青年运动史话	郭贵儒	
	136	妇女运动史话	刘红	刘光永
	137	土地改革史话	董志凯	陈廷煊
	138	买办史话	潘君祥	顾柏荣
	139	四大家族史话	江绍贞	
	140	汪伪政权史话	闻少华	
	141	伪满洲国史话	齐福霖	

系列名	序号	书名	作者
近代经济生活系列（17种）	142	人口史话	姜 涛
	143	禁烟史话	王宏斌
	144	海关史话	陈霞飞 蔡渭洲
	145	铁路史话	龚 云
	146	矿业史话	纪 辛
	147	航运史话	张后铨
	148	邮政史话	修晓波
	149	金融史话	陈争平
	150	通货膨胀史话	郑起东
	151	外债史话	陈争平
	152	商会史话	虞和平
	153	农业改进史话	章 楷
	154	民族工业发展史话	徐建生
	155	灾荒史话	刘仰东 夏明方
	156	流民史话	池子华
	157	秘密社会史话	刘才赋
	158	旗人史话	刘小萌
近代中外关系系列（13种）	159	西洋器物传入中国史话	隋元芬
	160	中外不平等条约史话	李育民
	161	开埠史话	杜 语
	162	教案史话	夏春涛
	163	中英关系史话	孙 庆

系列名	序号	书名	作者
近代中外关系系列（13种）	164	中法关系史话	葛夫平
	165	中德关系史话	杜继东
	166	中日关系史话	王建朗
	167	中美关系史话	陶文钊
	168	中俄关系史话	薛衔天
	169	中苏关系史话	黄纪莲
	170	华侨史话	陈　民　任贵祥
	171	华工史话	董丛林
近代精神文化系列（18种）	172	政治思想史话	朱志敏
	173	伦理道德史话	马　勇
	174	启蒙思潮史话	彭平一
	175	三民主义史话	贺　渊
	176	社会主义思潮史话	张　武　张艳国　喻承久
	177	无政府主义思潮史话	汤庭芬
	178	教育史话	朱从兵
	179	大学史话	金以林
	180	留学史话	刘志强　张学继
	181	法制史话	李　力
	182	报刊史话	李仲明
	183	出版史话	刘俐娜
	184	科学技术史话	姜　超

系列名	序号	书名	作者
近代精神文化系列（18种）	185	翻译史话	王晓丹
	186	美术史话	龚产兴
	187	音乐史话	梁茂春
	188	电影史话	孙立峰
	189	话剧史话	梁淑安
近代区域文化系列（一种）	190	北京史话	果鸿孝
	191	上海史话	马学强　宋钻友
	192	天津史话	罗澍伟
	193	广州史话	张　苹　张　磊
	194	武汉史话	皮明庥　郑自来
	195	重庆史话	隗瀛涛　沈松平
	196	新疆史话	王建民
	197	西藏史话	徐志民
	198	香港史话	刘蜀永
	199	澳门史话	邓开颂　陆晓敏　杨仁飞
	200	台湾史话	程朝云

《中国史话》主要编辑
出版发行人

总 策 划 谢寿光　王 正

执行策划 杨 群　徐思彦　宋月华

　　　　　梁艳玲　刘晖春　张国春

统 　 筹 黄 丹　宋淑洁

设计总监 孙元明

市场推广 蔡继辉　刘德顺　李丽丽

责任印制 岳 阳